中国城市体检报告
（2020年）

住房和城乡建设部城市体检专家指导委员会
清华大学中国城市研究院
中国科学院地理科学与资源研究所　编著
中国城市规划设计研究院
中国城市规划协会

中国城市出版社

图书在版编目（CIP）数据

中国城市体检报告.2020年／住房和城乡建设部城
市体检专家指导委员会等编著. —北京：中国城市出版
社，2023.2

ISBN 978-7-5074-3562-7

Ⅰ.①中… Ⅱ.①住… Ⅲ.①城市管理－研究报告－
中国－2020 Ⅳ.①F299.23

中国版本图书馆CIP数据核字（2022）第250146号

责任编辑：杜　洁　张文胜　张　杭
书籍设计：锋尚设计
责任校对：姜小莲

中国城市体检报告（2020年）
住房和城乡建设部城市体检专家指导委员会
清华大学中国城市研究院
中国科学院地理科学与资源研究所　编著
中国城市规划设计研究院
中国城市规划协会
*
中国城市出版社出版、发行（北京海淀三里河路9号）
各地新华书店、建筑书店经销
北京锋尚制版有限公司制版
北京富诚彩色印刷有限公司印刷
*
开本：787毫米×1092毫米　1/16　印张：14¾　字数：344千字
2022年10月第一版　　2022年10月第一次印刷
定价：138.00元
ISBN 978-7-5074-3562-7
（904574）

本书编委会

清华大学中国城市研究院：

林　澎　陈宇琳　唐　燕　何东全　姜　洋　吴永兴　陈科良　刘　洋　郝　璐

中国科学院地理科学与资源研究所：

张文忠　谌　丽　党云晓　湛东升　刘倩倩　李业锦　曹　靖　许婧雪　何　炬
熊志飞　杨飞龙

中国城市规划设计研究院：

王　凯　徐　辉　张永波　翟　健　李　倩　耿艳妍　沙　金　于天舒　郭　汉
王伊倜　李　昊　张淑杰　王文静　骆芊伊　蒋艳灵　余加丽　吴淞楠　王　颖
窦　筝　秦　维　孙若男　杨珺雅　冀美多　张海荣　郝灵强　翁芬清

中国城市规划协会：

唐　凯　吴建平　谢盈盈

江西省建筑设计研究总院：

胡　斌

前　言

为贯彻落实习近平总书记关于建立城市体检评估机制的重要指示精神，推动建设没有"城市病"的城市，住房和城乡建设部将城市体检评估作为全面落实新发展理念、统筹城市规划建设管理的重要抓手，围绕建设宜居城市、绿色城市、韧性城市、智慧城市、人文城市的目标，全方位评估城市发展建设的整体性、系统性、生长性、宜居性和包容性，推动城市高质量发展，提升城市人居环境水平。

在 2019 年城市体检试点工作基础上，住房和城乡建设部不断完善城市体检评估指标，针对新冠肺炎疫情防控中反映出的突出问题，增加相关评估内容，形成了由 8 个方面、50 个指标构成的城市体检评估指标体系。2020 年 6 月，从全国 29 个省、自治区和直辖市（不包括北京、西藏、香港、澳门和台湾），选取了 36 个样本城市开展城市体检评估，城市规模包括超大城市、特大城市、大城市和中等城市，具体为天津、上海、重庆、广州、武汉、哈尔滨、沈阳、成都、南京、西安、长春、济南、杭州、大连、厦门、石家庄、太原、呼和浩特、合肥、福州、郑州、长沙、南宁、海口、昆明、贵阳、兰州、银川、西宁、乌鲁木齐、洛阳、衢州、赣州、景德镇、黄石和遂宁市。

受住房和城乡建设部委托，清华大学中国城市研究院、中国城市规划设计研究院、中国科学院地理科学与资源研究所等单位综合运用遥感、物联网、大数据、问卷调查等手段，对样本城市开展了第三方体检评估；开展了社会满意度调查，共向样本城市发放 32 万余份调查问卷，回收有效调查问卷 26.5 万份，覆盖样本城市体检范围内所有社区。同时，36 个样本城市结合实际，增加了针对性城市体检指标，同步开展了自体检工作。

通过第三方体检、自体检和群众满意度调查相结合的方式，以调查期间可获得的最新数据和评估标准为基础，客观评价了样本城市的规划建设管理状况，查找短板和不足，并针对突出的共性问题提出对策建议。

目　录

下篇 样本城市城市体检分析

上篇
城市体检方法与总结分析

第一章

城市发展主要成效与问题

第一节　城市发展主要成效

截至 2020 年底，我国设市城市数量共 684 个，城市建成区面积 6.03 万平方千米，占全国陆域面积 0.6%，城镇化率达到 63.9%。我国城镇化总体上处在上升期，城市担负着发展与人居等多重功能，在国家经济、政治、文化发展中占有重要地位。体检结果显示，目前我国城市功能不断完善，人居环境得到改善，人民群众获得感、幸福感、安全感较强。

一、生态环境质量逐步改善

1. 城市空气质量优良水平逐步提升

36 个样本城市中，有 20 个城市的空气质量优良天数达到或超过 292 天的目标值，这些城市主要集中在西南、华南、东南和西北地区。以北京为例，2020 年秋冬季优良天数连续超过 40 天，是有 PM2.5 记录以来的第一次。

2. 城市水环境质量得到改善

自体检结果显示，22 个样本城市地表水体质量优于 V 类水质的比例超过 95%，达到《"十三五"生态环境保护规划》确定的水环境质量目标，这些城市主要集中在华东、华南、西南、华中和西北地区。以上海为例，2015 年至 2019 年，全市 259 个水环境考核断面优于 V 类水比例由 43.6% 上升至 98.8%。

3. 绿色建筑发展取得重大进展

36 个体检城市中，除贵阳、洛阳、银川、海口、黄石、太原 6 个城市外，其余 30 个样本城市的新建建筑中绿色建筑占比均超过了 50%，达到了《建筑节能与绿色建筑发展"十三五"规划》确定的目标，其中，上海、济南、郑州、乌鲁木齐和衢州已达到 100%。

生态宜居环境满意度评价得分为 81.57 分，表明居民对生态宜居环境总体满意，尤其对公园绿地、亲水空间与城市公共开敞空间等景观建设指标表示满意。

二、城市安全韧性不断提高

1. 疫情应对能力提升

面对突如其来的新冠肺炎疫情，样本城市供水、供气、供热、排水、环卫等基础设施安全平稳运行。同时，社区智能快件投递柜逐渐增多，快递服务成为疫情防控关键时期保障群众生活的重要手段。

2. 城市交通安全环境明显改善

36 个样本城市中，只有衢州、长春的城市万车死亡率超过了 2 人 / 万车，其他 34 个城市均在 2 人 / 万车以下，其中贵阳、遂宁、乌鲁木齐、银川、郑州、福州、厦门、长沙、呼和浩特等 9 个城市在 1 人 / 万车以下，交通安全保障保持在较高水平。

3. 城市建设安全工作得到加强

自体检结果显示，安全韧性满意度评价得分为 81.15 分，表明居民对城市安全韧性总体满意，特别对社会治安表示满意。

除上海、广州、武汉、成都、大连、呼和浩特、合肥 7 市外，其余 29 个样本城市较大建设安全事故发生数低于 0.02 个 / 万人。

三、居民生活设施持续完善

1. 社区便民服务设施不断丰富

自体检结果显示，36 个样本城市的社区便民服务设施覆盖率普遍较高，上海、天津等 16 个城市的便民服务设施覆盖率达到了 100%。品牌连锁便利店发展日趋成熟，上海平均每 3192 人就有一家品牌连锁便利店，接近发达国家水平。

2. 公共体育设施建设持续推进

有 21 个样本城市的体育场地面积，达到人均 1.8 平方米的国家标准。以成都为例，近三年的人均体育场地面积分别为 1.82 平方米 / 人、2.03 平方米 / 人和 2.17 平方米 / 人，呈逐年增长的态势。另外，市场营利性健身场馆种类及数量大幅提升。滑板、攀岩及游泳池、健身房等多元体育设施，逐步走入普通百姓生活。

生活舒适性满意度评价得分为 80.32 分，表明居民对生活舒适性总体满意，特别对社区超市等便民服务配套建设情况，以及邻里关系等表示满意。

四、风貌特色保护力度进一步加大

1. 历史文化街区和历史建筑数量显著增长

截至 2020 年底，134 座历史文化名城共划定 539 片历史文化街区、确定历史建筑

21879 处，较 2018 年分别增加 77 片、8250 处，分别增长了为 16.67 和 60.53 个百分点。

2. 各类遗产得到有效保护

截至 2020 年底，134 座历史文化名城共完成历史建筑测绘 8801 处，完成率 40.23%；挂牌和建档历史建筑 10987 处，完成率 52.92%；在 327 片历史文化街区设置标志牌，完成率 60.67%；保护修缮历史建筑 3360 处，活化利用历史建筑 2685 处。

3. 城市吸引力不断提高

26 个样本城市外来旅游人数保持在 2000 万人次 / 年以上。从数据来看，大城市对外来游客的吸引力明显高于中小城市。

城市风貌特色满意度评价得分为 81.93 分，表明居民对城市风貌特色总体满意，特别是对山水自然景观保护、城市景观美感方面表示满意。

五、城市市容市貌更加整洁、有序

1. 生活垃圾处理工作取得积极进展

自体检结果显示，各地生活垃圾收运、处理系统不断完善，处理水平不断提高，生活垃圾分类成为新时尚。36 个样本城市生活垃圾回收利用率较往年均有提升，以成都为例，该指标由 2018 年的 24.23% 上升到 2019 年的 27.53%。其中，有 13 个样本城市生活垃圾回收利用率超过 35%。

2. 城市公厕建设不断加强

各地加大城市公厕建设力度，有 21 个样本城市建成区公厕设置密度超过了 3.5 座 / 平方千米，达到住房和城乡建设部 2016 年设立的中国人居环境奖评选标准。其中，上海、杭州、武汉、西安、昆明等大城市都在 5 座 / 平方千米以上；呼和浩特市按照"经济适用、布局合理、数量适宜、绿色环保、标准规范"的原则，全力开展"厕所革命"工作，城市公厕状况发生了根本性转变。

3. 城市市容环境得到改善

从 2019 年开始，36 个样本城市按照住房和城乡建设部要求，开展城市道路大清扫、"城市家具"大清洗、市容环境大清理工作，城市面貌普遍干净、整洁、有序。城市道路清扫保洁机械化水平不断提高，机械化清扫率达到 70% 以上。

城市市容环境管理的满意度评价得分为 79.88 分，表明居民对城市市容环境管理的满意度一般，其中对道路清扫、公共厕所卫生状况等满意度相对较高。

以上城市体检反映出的进展和成效，充分彰显了中国共产党领导和中国特色社会主义制度的显著优势，是各部门协同合作、形成政策合力的结果，凝结了广大城市建设者的智慧和汗水。特别是面对突如其来的新冠肺炎疫情，城市各项基础设施、交通等各方面安全平稳运行，为全国疫情防控取得重大战略成果作出了突出贡献。

第二节　面临的突出问题

在取得积极进展的同时，城市体检也反映出地方在规划、建设、管理工作中存在的突出问题，必须在高质量发展过程中认真面对。

一、城市中心区人口过密

1. 城市人口向中心区过度集聚

36 个样本城市建成区人口平均密度为 1.13 万人 / 平方千米，超过了人居奖设定的 1.0 万人 / 平方千米的标准。其中，12 个样本城市超过东京 1.3 万人 / 平方千米的人口密度。样本城市建成区人口密度高的问题尤为突出，广州中心城区人口密度高达 3.5 万人 / 平方千米。

2. 城市建成区开发建设规模大、高层住宅多

36 个样本城市建成区平均开发强度已近 100 万平方米 / 平方千米，厦门、海口等城市中心区已经超过 200 万平方米 / 平方千米。此外，重庆、大连、长沙、西宁、厦门等城市中心区 60 米以上或 18 层以上的高层建筑密度偏大，重庆渝中区最密的区域达到了 95 栋 / 平方千米。

3. 城市交通问题突出

除景德镇和衢州外，34 个样本城市的单程通勤时间超过 30 分钟。其中，上海、重庆、合肥、天津、成都、西安、武汉、广州、昆明和南京 10 个城市超过 40 分钟。特大城市职住分离较为严重，通勤距离远，是造成通勤时间长的一个因素。除成都、广州、杭州、合肥、南京、沈阳、天津 7 个城市外，29 个样本城市的道路网密度低于 8 千米 / 平方千米的国家要求，城市道路建设滞后，与城市规模扩张的速度不匹配。除西宁、海口、黄石、呼和浩特 4 市外，32 个样本城市的老旧小区停车位与小汽车拥有量比例低于 80%，多个城市的缺口超过 50%，普遍存在老旧小区停车难的问题。

二、社区基础设施和公共服务设施配套不足

1. 社区公共服务水平普遍有待提高

36 个样本城市的社区养老服务设施覆盖率均未达到国家要求的 90% 水平，有 32 个城市覆盖率低于 70%，贵阳、昆明、乌鲁木齐、景德镇、哈尔滨、呼和浩特、石家庄、太原、长春 9 个城市的设施覆盖率低于 30%；36 个样本城市的社区卫生服务中心门诊分担率偏低，其中 28 个城市不足 30%，市民看病仍主要集中在大医院；36 个样本城市的社区体育设施建设滞后，除黄石外，其余 35 个城市均没有达到人均 0.4 平方米的国家标准；36 个样本城市的普惠性幼儿园建设普遍滞后，除赣州、衢州外，其余 34 个城市普惠性幼儿园覆盖率没有达到国家要求的 80% 的水平。

2. 老旧小区占比高，亟待改造提升

在调研的 36 个样本城市 3.45 万个住宅小区中，2000 年以前建设的住宅小区达到 1.53 万个，老旧小区数量占比达到 40.5%。老旧小区大多存在基础设施老化问题，达不到完整居住社区建设标准要求。满意度调查结果显示，居民对老旧小区改造情况不满意。

3. 住宅小区实施专业化物业管理的比例整体不高

除天津、上海、重庆、昆明 4 个城市外，其余 32 个样本城市实施专业化物业管理的住宅小区占比低于 80%，其中遂宁、景德镇、赣州、衢州、黄石、海口、贵阳 7 个城市低于 60%。

三、城市历史文化保护与建筑特色塑造有待加强

1. 城市历史文化风貌保护欠佳

自体检结果显示，我国大城市的历史文化街区保存数量偏少，面积偏小，历史文化街区留存率不足 5% 的城市有 9 座，其中 6 座为国家历史文化名城。样本城市存在历史文化资源保护与活化利用不足，城市特色不突出、城市文化影响力不强等问题。满意度调查结果也显示，居民对城市历史建筑与传统民居修复利用、城市文化特色营造方面的满意度偏低。

2. 历史文化保护、传承、管理工作不到位

保护管理缺少底线要求，刚性管控不足。虽然一些地方制定了保护规划和地方性法规，但是保护要求不明确，普遍缺乏有效的问责处罚条款。如长春违反街区保护规划的管控要求，在人民大街历史文化街区建设控制地带内违规审批超高层建筑，破坏街区风貌；一些地方历史文化街区划定和历史建筑确定工作进展缓慢，存在漏查漏报、不及时公布挂牌等情况。保护对象

不完整，只重视单体保护，忽视整体格局、传统风貌的保护。

3. 建筑特色及美感塑造不足

根据对近 10 年网络评选出的 100 个"丑陋建筑"的分析，城市建筑贪大、媚洋、求怪等现象尚未有效遏制，价值观偏差、政绩观扭曲等问题没有彻底扭转。其中超过半数是政府投资项目，有 94 座是公共建筑，反映部分建筑师缺乏文化自信，职业素养不高，社会责任感和职业道德缺失，片面迎合市场，并且政府对公共建筑设计方案把关不严，缺少监督管理，也反映出一些专家对建筑方针认识不深刻。

四、城市精细化管理水平不高

1. 城乡接合部、背街小巷等区域是建设"洼地"

根据住房和城乡建设部开展的城市综合管理服务评价，居民对城乡接合部卫生情况的满意度低于 30%，对老城区架空线缆满意度普遍低于 30%，对背街小巷环卫保洁满意度低于 20%。另外，居民反映停车难、非机动车乱停乱放问题普遍存在。

2. 城市运行管理信息化水平不高

缺乏集城市建筑、街道、管网、交通、人口等信息为一体的城市综合性管理平台，运用大数据、人工智能对海量数据进行集成分析、风险研判和管控的能力不足。

3. 生活垃圾分类体系建设仍不完善

随着生活垃圾分类工作的推进，各地普遍存在厨余垃圾处理能力不足的问题，可回收物的资源化利用系统仍不规范，其他垃圾焚烧处理设施选址如何规避邻避效应的问题还未得到妥善解决。同时，居民垃圾分类投放的准确性还需加强，垃圾分类意识还没有转化为自觉行动。

五、城市安全隐患问题依然不容忽视

1. 城市中心城区建设密度过高带来公共卫生隐患

样本城市建成区内传统商贸批发市场聚集程度偏高，乌鲁木齐、厦门等 13 个样本城市高于 60%。同时，14 个样本城市高层高密度住宅（60 米或 18 层以上高层住宅，或容积率在 3.5 及以上的居住小区）占地面积比例超过 25%，其中广州、重庆、西宁、福州等 4 个城市超过40%。

2. 部分城市人均避难场地建设不足

按照《防灾避难场所设计规范》GB51143-2015 要求，短期应急需求下的人均避难场所面积应高于 2 平方米，自体检数据显示，该指标达标的仅有沈阳、昆明、太原、银川 4 座城市。同时，应急避难场所分布不均匀，上海浦东新区、宝山等 9 区人口占全市 72%，但避难场所面积总量仅占全市 57%。

3. 城市排涝能力仍需加强

自体检结果显示，部分城市防洪和排水防涝缺乏有效衔接，系统治理不够，在遇到极端降雨时，城市排水系统难以应对，造成内涝，并容易引发次生灾害。其中，昆明、景德镇等部分城市的内涝点密度大于 0.15 个 / 平方千米。今年长江和嘉陵江的洪水进入重庆城区，导致 200 多千米的城市道路被淹，82 千米的城市地下管网被冲毁，86 个住宅小区严重积水。

4. 地下市政基础设施管理薄弱

地下市政基础设施管理仍不健全，14 个样本城市地下管线普查建档没有达到 100%。地下市政基础设施包括水、电、气、热等 8 大类 20 余种，涉及 30 多个部门，缺乏有效协调机制，存在多头管理和管理缺失情况。由于监测手段不足，缺乏全面防控，部分城市道路沉降、塌陷，燃气、给水排水、供热等管线破损泄漏等突发事件屡有发生。

六、城市发展还不均衡

1. 地域之间发展不均衡

第三方体检数据显示，华东、西南地区城市人居环境总体评价较好，华南、华中、西北地区次之，华北、东北地区较为落后。华北地区生态宜居和健康舒适指标短板明显，东北地区健康舒适和创新活力指标明显偏低。华中地区城市生态宜居、安全韧性和整洁有序指标较差。

2. 城市内部发展不均衡

样本城市的大型综合医院普遍集中在中心城区。例如，武汉市 70 家新冠肺炎定点医院和发热门诊医院主要集中在三环路以内，仅汉正街周围就集中了 5 家大型综合医院；全市定点医院 15 分钟步行距离内仅能覆盖 40% 的住宅小区，在疫情期间无公共交通情况下，可达性较差。相反，城市大型公共活动空间主要位于城市外围，中心区的公共活动场地、口袋公园绿地总量不足，特别是城中村、老旧小区等区域的公园绿地少。此外，城市服务设施建设尚未形成有序体系。城市建设重地上轻地下、重大型公共设施建设轻贴近群众的社区级公共设施建设的现象比较普遍。体检结果显示，健康舒适方面，城市级公共服务设施建设质量较高，而社区级公共服务设施建设方面则普遍较差。

　　城市发展不均衡的问题不是在 2020 年才出现的，而是历史长期累积的结果。这些短板和欠账，并非在短期内就能彻底补齐，需要在发展过程中持续治理、逐步化解。

第二章

"城市病"病因分析及政策建议

第一节 "城市病"病因分析

2020 年城市体检发现的问题，既有个性问题，又有共性问题。综合分析产生这些问题的原因，主要有以下 5 个方面：

一、对城市建设从追求速度向追求质量转变的内涵认识不到位

部分城市对城市建设内涵和发展规律认识不到位，在城市规划建设中还秉持着"唯 GDP 论英雄"的观点，没有树立社会主义生态文明观和正确的政绩观、发展观，对习近平总书记提出的"人民城市人民建，人民城市为人民"理解还浮于表面；城市规划的科学性亟待提高。城市规划是一个庞大的系统工程，部分城市出现了"重审批、轻监管，重项目、轻统筹，重指标、轻品质，重编制、轻实施"等一系列城市规划管理问题，客观上形成"规划跟着项目走"的事实，不但为城市过度扩张开口子，还给权力寻租留下了漏洞。

二、城市发展转型过程中规划建设缺乏参照标准

我国城市发展进入城市更新的重要时期，由大规模增量建设转为存量提质改造和增量结构调整并重，从"有没有"转向"好不好"。部分城市在发展转型过程中，由于底线管控缺失，长期形成的城市建设贪大、求全思路，以及"大量建设、大量消耗、大量排放"的粗放式城市建设方式很难及时转变，加之传统城市规划的弹性空间大，可操作性不强，在实际开展建设管理工作时没有相应的参照标准，只能凭决策者的主观认识和判断"摸着石头过河"，导致城市建设过程中不断产生新的"城市病"。

三、城市规划、建设、管理统筹不够

城市是一个"有机生命体"，城市工作必须树立系统思维，从城市构成的诸多要素、结构、功能等方面入手，对事关城市发展的重大问题进行深入研究和周密部署，系统推进各方面工作。城市工作涉及多个部门，各部门之间既相互联系又彼此独立，由于缺少统筹城市工作的部门，容易造成规划"打架"、建设无序和多头管理等问题。以城市水系统建设为例，由于城市的水系统建设涉及建设、市政、水利、园林、环保等各个方面，其中城市防洪系统与排涝系统分属水利和市政两个部门负责，如果两个部门之间工作不衔接，就会造成河道与排水系统不衔接的问题，一旦河道水位高于管网排水口，就会出现河水倒灌，产生内涝。其他诸如交通拥堵、停车位紧张等问题也都与城市规划建设管理统筹不够紧密相关。

四、城市治理信息化、数字化、智慧化水平低

城市规划建设管理缺少系统、全面、及时、高效的信息和数据支撑，缺乏运用大数据、人工智能等技术手段对城市发展进行集成分析、风险研判和管控，导致城市管理难以适应精细化管理要求。例如，部分城市虽然在城市智慧化、信息化建设方面起步较早，但由于缺乏行业间的互联互通，造成疫情期间末端信息采集与上报、应急车辆与物资调配、重点防护区监管、疫情或灾害动态评估与决策响应等问题都十分突出；自然资源部门掌握的空间数据与其他部门的社会数据、人的行为数据不互通，存在信息孤岛，因而无法及时追踪疑似病例和确诊病例活动轨迹；社区排查仍采用表格填报形式，在前期社区志愿者人手不够的情况下，政府缺乏第一手、全面掌握疑似病人数量的信息，给疫情防控带来不少困难。

五、城市人居环境建设的公众参与度不高

城市体检过程中，某些方面客观数据表现出与群众满意度截然相反的结果，例如，统计数据和满意度调查结果显示，我国城市高峰期机动车平均速度基本达标，但居民对城市交通拥堵问题十分不满。而在城市风貌特色方面，虽然各项指标数据距离国家要求还有不小差距，但居民的满意度评价却很高。造成这一现象的原因是群众参与城市建设的程度不够，城市建设和群众需求不同步。当前，在城市开发建设过程中，发动居民参与的载体和办法不多、不细、不实，居民对人居环境建设的参与能力亟待引导、锻炼和提高，群众参与城市建设的范围不广、程度不深、效果不佳。居民的责任意识、公共意识、环境意识、互助意识和自律意识需要进一步增强。居民与城市缺乏"共生关系"，归属感和认同感不强，当人居环境出现问题时，容易将责任推卸给政府、社会和他人。

第二节　政策建议

2021年是中国共产党成立100周年，是"十四五"规划开局之年，也是开启全面建设社会主义现代化国家新征程、向第二个百年奋斗目标进军的第一年。做好城市工作，必须紧扣"三个新"，切实做到"三个着力"：紧扣进入新发展阶段，着力推动城市工作实现新的更大发展。当前，我国城市发展进入城市更新的重要时期。要充分认识新发展阶段的特征和要求，建立适应高质量发展的城市建设体制机制和政策体系；紧扣贯彻新发展理念，着力推进城市建设发展方式转变。把城市作为"有机生命体"，统筹城市规划建设管理，不断增强城市的整体性、系统性、生长性，提高城市的承载力、宜居性、包容度；紧扣构建新发展格局，着力发挥城市建设的重要支点作用。聚焦人民美好生活需要，谋划推进一批民生工程和发展工程，拓展投资

空间，不断调整优化城市结构、功能、布局，提升城市环境质量、人民生活质量、城市竞争力，建设宜居城市、绿色城市、韧性城市、智慧城市、人文城市。

一、实施城市生态修复和功能完善工程

坚持以资源环境承载能力为刚性约束条件，以建设美好人居环境为目标，合理确定城市规模、人口密度、开发强度，优化城市布局，打造绿色城市。

1. 控制城市开发建设强度，优化城市布局

研究建立新时期"营建法式"，设定合理的人口密度、开发强度要求，严格控制高层建筑建设，改变大拆大建、房地产驱动造城模式。统筹城市生产、生活、生态空间布局。促进交通枢纽、医疗卫生设施合理布局，形成区域服务体系。

2. 合理布局城市功能，构建城市新格局推动

控制特大城市中心城区建设密度，有序疏解特大城市非核心功能，推动特大城市逐步将低端产业、大型农贸批发市场等向中心城区外围疏解。把城市更新和新区发展相结合，建设一批产城融合、职住平衡、生态宜居、交通便利的郊区新城，推动多中心发展，逐步解决中心城区人口和功能过密问题。

3. 完善交通系统，提高出行便捷程度

加强城市快速交通系统建设，提升运行效率。倡导绿色出行，优化公共交通系统质量，统筹城际铁路、轨道交通、地面公交、共享单车等多种交通方式，因地制宜制定特大城市、大城市、中小城市绿色出行标准，优化城市公共交通机动化出行率比例，降低大城市通勤出行时间。全面提升城市步行、自行车系统质量，建设好城市慢行交通系统。

4. 加强城市生态系统建设，优化城市绿色空间

建立连续完整的生态基础设施标准和政策体系，完善城市生态系统，保护城市山体自然风貌，修复河湖水系和湿地等水体，加强绿色生态网络建设。通过功能疏解腾出城市空间，多建口袋公园、街头绿地、城市森林，提高城市绿地服务半径覆盖率。结合沿河、沿铁路、沿公路的带状绿化形成生态廊道，把城市生态斑块连接起来。

二、加强完整居住社区建设

居住社区是城市居民生活和城市治理的基本单元，要以安全健康、设施完善、管理有序为目标，开展完整居住社区设施补短板行动，推动物业服务企业，大力发展线上线下社区服务

业，满足居民多样化需求，推进宜居城市建设。

1. 加强养老服务设施建设

面对城市老龄化加快趋势，需要将提高养老服务设施社区覆盖率作为重点，抓紧补齐养老服务设施建设短板。同时，加强无障碍环境建设，不断提升街道和公共场所无障碍设施覆盖率，提升公共交通设施无障碍水平，让城市更有温度。

2. 加强医疗设施体系建设

加强区级医院、基层卫生服务中心（站）建设，完善市、区（县）、社区三级医院体系和资源共享机制。降低大型综合医院建筑密度，改善功能布局，增加开敞空间，与城市居住区等功能区形成有效隔离。促进医疗卫生设施合理布局，推动城市中心区大型综合医院有序疏解，形成区域服务体系。

3. 加强社区健身活动场地建设

推进"留白增绿"，增加公共绿地和活动场地，建设好群众身边的健身活动场地。盘活空闲地、边角地等资源，规划建设贴近社区、方便可达、面向公众开放的多功能运动场地、体育公园、健身步道、球场等。

4. 全面推进城镇老旧小区改造

进一步摸清底数，合理确定改造内容，科学编制改造规划和年度改造计划，有序组织实施。逐步降低城市老旧小区比例，重视老旧小区改造中的新技术赋能，通过智慧社区植入、智慧建造技术应用，全面推进绿色社区、智慧社区建设。

5. 提高物业管理覆盖率

改革物业管理制度，把城市物业管理作为提升社区治理能力的重要抓手，纳入基层社会治理，提高物业管理覆盖率。鼓励物业服务机构与居委会、社区管理责任单位紧密联动，积极组织策划公共活动和社区公共空间资源运维等。

三、加强历史文化保护与城市风貌塑造

研究建立城市历史文化保护与传承体系，保护具有历史文化价值的街区、建筑及其影响地段的传统格局和风貌，推进历史文化遗产活化利用。加强城市设计和建筑设计管理，优化城市空间和建筑布局，控制好城市轮廓线，加强城市风貌特色的塑造和发掘，推进人文城市建设。

1. 整合历史文化资源

创建历史文化空间保护及传承体系，梳理名城名镇名村、传统村落、历史文化街区、文物保护单位、工业遗产、农业文化遗产、历史建筑、遗址公园等历史文化资源的价值体系及其空间分布，加强工业文化遗产保护与活化利用，加快历史建筑的挂牌工作。统筹划定各类遗产的保护范围，系统保护城市内的历史文化资源，并依据遗产类型特点构建"点线面"结合的历史文化保护传承体系。

2. 明确底线管控要求

保护传统的山水城格局，加强城市轮廓线管控，原则上不得在城市山水敏感地区建设高层或大体量建筑，严格控制中小城市和县城建设高层建筑和大广场。加强对历史文化保护区的风貌管控，保护具有历史文化价值的街区、建筑及周边传统格局和风貌，严格限制历史街区保护中过度文旅化和商业化行为，不拆除历史建筑、不拆真遗存、不建假古董。加强对重大公共建筑设计方案的审查，建立完善专家评审、公众参与等制度，强化对低级趣味、崇洋媚外等奇形怪状建筑设计的管控。

3. 构建人文城市设计体系

以城市设计为管控手段，强化城市特色人文空间的打造。对城市的建筑色彩、建筑屋顶形式、建筑立面、城市雕塑、夜景照明、地下空间、街道设计、历史文化街区等分别制定管控要求。

四、推动城市管理智慧化建设

加快推进基于信息化、数字化、智能化的新型城市基础设施建设和改造，搭建城市综合管理服务平台，全面提升城市管理精细化水平，推进智慧城市建设。

1. 加强城市信息模型（CIM）基础平台建设

推进 CIM 基础平台建设，打造智慧城市的基础操作平台。夯实平台数据基础，构建包括基础地理信息、建筑物和基础设施 BIM 模型、标准化地址库等的 CIM 平台基础数据库，增加数据和模型种类，提高数据和模型精度，形成城市三维空间数据底板，推动数字城市和物理城市同步规划和建设。发挥 CIM 平台的基础支撑作用，在城市体检、城市安全、智能造造、智慧市政、智慧社区、城市综合管理服务，以及政务服务，公共卫生、智慧交通等领域深化应用。对接 CIM 基础平台，加快推进工程建设项目审批三维电子报建，进一步完善国家、省、城市工程建设项目审批管理系统，加快实现全程网络办公便捷化、审批服务智能化，提高审批效率，确保工程建设项目快速落地。

2. 实施智能化市政基础设施建设和改造

开展市政基础设施普查，全面掌握现状底数，明确智能化建设和改造任务。推进智能化感知设施建设，实现对市政基础设施运行数据的全面感知和自动采集。组织实施智能化市政基础设施建设和改造行动计划，对城镇供水、排水、燃气、热力等市政基础设施进行升级改造和智能化管理，进一步提高市政基础设施运行效率和安全性能。加快建设基于 CIM 基础平台的市政基础设施智能化管理平台，对水、气、热等运行数据进行实时监测、模拟仿真和大数据分析，实现对管网漏损、防洪排涝、燃气安全等及时预警和应急处置，促进资源能源节约利用，保障市政基础设施安全运行。

3. 推进城市综合管理服务平台建设

建立集感知、分析、服务、指挥、监察等为一体的城市综合管理服务平台，提升城市科学化、精细化、智能化管理水平。在此基础上，加快升级建设城市运行管理服务平台，逐步实现国家、省、市三级平台互联互通、数据同步、业务协同，加强对城市管理工作的统筹协调、指挥监督、综合评价，及时回应群众关切，有效解决城市运行和管理中的各类问题，实现城市管理事项"一网统管"。促进城市综合运行管理服务平台与城市管理业务深度融合，引导社会广泛参与，推动美好环境与幸福生活共同缔造，共同创造干净、整洁、有序、安全的城市环境。

4. 全面推进城市生活垃圾分类工作

指导地方加快生活垃圾处理设施建设，探索适合我国厨余垃圾特性的处理技术。督促地方统筹解决处理设施规划选址问题，构建"邻利型"服务设施，推进共同治理。加强建筑垃圾处置设施、场所建设，推进源头减量和综合利用。推进生活垃圾分类和再生资源回收"两网融合"，提高城市生活垃圾回收利用率。

五、提高城市应对安全风险的能力和韧性

补足城市基础设施短板，提高运行水平，增强城市应对安全风险能力，推进韧性城市建设。

1. 加强高层建筑建设管控

制定关于加强城市新建高层建筑管理的指导意见，指导各地控制新建高层建筑，保持合理的建设强度和密度。在城市更新中加强对高密度住宅区的疏解，切实改善居住环境和居住品质。

2. 加强城市人均避难场地建设

结合绿地等开敞空间，合理建设和布局应急避难场所，把与建筑相邻的广场、公园、体育

场、学校操场等场地纳入临时避灾避难场所。

3．推进城市排水防涝设施建设

指导各地推进海绵城市建设，新城区严格按照国家规定标准建设城市排水防涝设施，积极推进老城区排水管网、雨水泵站、调蓄设施等排水防涝设施改造，整体提升城市对雨水的调蓄、吸纳能力。

4．补齐地下空间利用和市政基础设施建设短板

强化地下空间建设统筹协调，消除安全隐患。指导城市全面摸清地下市政基础设施底数，建立地下市政基础设施普查和建档制度，实现基础设施数据动态更新。推动实施地下市政基础设施补短板行动。组织开展地下空间利用和市政基础设施效率评估，完善设施管养制度和监督检查机制，加强风险点监控，及时处置突发事故。

第三章

第三方体检的八大维度评估分析

第一节　生态宜居

本节主要评价了城市生态宜居方面的大气、水、绿地等各类环境要素保护情况，以及城市资源集约节约利用情况，具体涉及区域开发强度、城市人口密度、城市开发强度、空气质量优良天数、公园绿地服务半径覆盖率等9项指标。

一、生态宜居总体评价

第三方城市体检结果显示，19个样本城市空气质量明显好转，年空气质量优良天数比例超过80%；2019年样本城市水环境质量不断改善，福州、广州、南京、厦门、长沙和海口等城市水环境质量优于Ⅴ类的水体比例均提升1%~4%；样本城市建成区公园绿地服务半径覆盖率的平均值达到69.3%，上海、武汉、大连、赣州、厦门等12个城市高于80%，最高的上海市达到91.5%。

同时，第三方城市体检结果显示，样本城市建成区城市开发强度偏高。36个样本城市建成区城市开发强度平均值已经达到95.6万平方米/平方千米，厦门、海口等城市中心区已经超过200万平方米/平方千米。重庆、大连、长沙、西宁、厦门等城市中心区60米以上或18层以上的高层建筑密度偏大，其中，重庆市渝中区最密街道达到了95栋/平方千米。

城市建成区人口密度偏大，中心城区人口密度问题尤为突出。36个样本城市建成区人口密度平均值达到1.1万人/平方千米，12个样本城市建成区人口密度已经超过东京1.3万人/平方千米的人口密度；样本城市中心区人口密度高问题尤为突出，广州中心区人口密度高达3.5万人/平方千米。

二、生态宜居专项指标分析

1. 区域开发强度

区域开发强度指标主要分析样本城市市辖区城市建成区面积占市辖区总面积的比例。国际上通常将30%作为国土空间开发的上限。数据主要通过高分辨率卫星影像图片获取。

第三方城市体检结果显示，36个样本城市区域开发强度的平均值为20.9%。其中，31个样本城市区域开发强度低于30%（图3-1），占比86%，乌鲁木齐、海口、南宁、衢州和赣州5个城市低于10%；郑州、上海、合肥、武汉、西宁5个城市的开发强度高于30%，郑州高达52.8%。

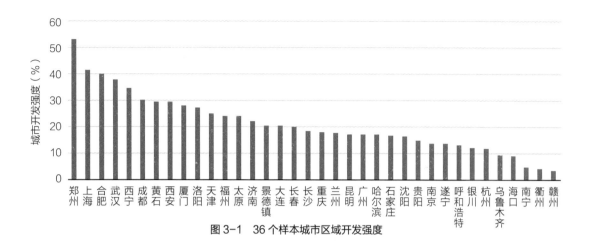

图3-1 36个样本城市区域开发强度

2. 城市人口密度

城市人口密度指标主要分析样本城市市辖区建成区内常住人口数与建成区面积的比值，是城市整体人居环境质量评价的重要指标。按照城市规划经验，城市合理人口密度为0.8～1.2万人／平方千米。数据主要通过联通手机信令、百度网络获取。

第三方城市体检结果显示，36个样本城市建成区人口密度平均值达到1.1万人／平方千米。15个样本城市的城市人口密度超过1.2万人／平方千米，占比41.7%。

超特大、大城市人口密度较高。对比东京1.3万人／平方千米的人口密度，广州、西安、成都、武汉、郑州、沈阳、兰州、南宁、福州、长沙、石家庄和太原12个城市建成区人口密度超过1.3万人／平方千米，其中广州最高，达到1.68万人／平方千米，兰州、南宁、福州、长沙超过1.5万人／平方千米（图3-2）。

城市中心区人口密度问题更为突出。将城市建成区按照建设年代划分为三个阶段：1990

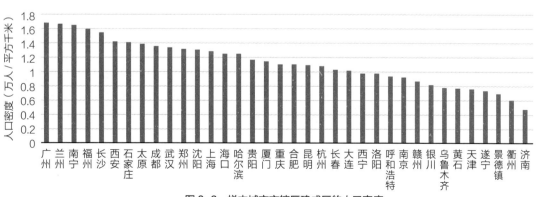

图3-2 样本城市市辖区建成区的人口密度

年以前，1990~2010 年，2010 年以后，其中 1990 年以前城市建成区对应城市中心区。通过对以上三个圈层的人口密度进行分析，样本城市中心区人口密度过密，中心区人口密度普遍达到 2 万人 / 平方千米，广州城市中心区甚至达到 3.5 万人 / 平方千米（图 3-3）。

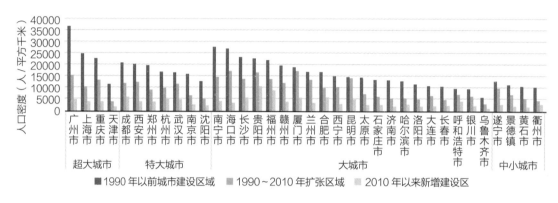

图 3-3　样本城市分圈层城市人口密度

3. 城市开发强度

城市开发强度指标的衡量方法是计算市辖区建成区单位用地面积上的建筑面积，用来评价城市整体土地利用情况。数据主要通过高分辨率卫星影像图片获取。

城市建成区开发强度偏大。城市合理开发强度为 60~100 万平方米 / 平方千米。36 个样本城市建成区的城市开发强度平均值为 95.6 万平方米 / 平方千米。其中，16 个样本城市的城市建成区开发强度超过 100 万平方米 / 平方千米，占比 44.4%，福州、南宁、石家庄、西宁、武汉、长沙、洛阳、哈尔滨 8 个城市的城市开发强度超过 110 万平方米 / 平方千米，占比 22.2%，福州市为最高值，达到 146 万平方米 / 平方千米（图 3-4）。

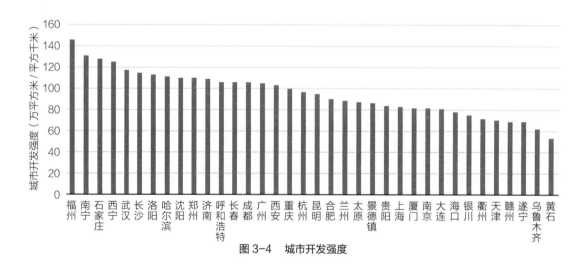

图 3-4　城市开发强度

　　城市中心区的城市开发强度过高。21 个样本城市中心区（1990 年以前城市建成区）开发强度超过 130 万平方米 / 平方千米；重庆、广州、上海、西安、厦门、海口、福州、西宁、赣州 9 个样本城市中心区开发强度超过 150 万平方米 / 平方千米，其中厦门、海口超过 200 万平方米 / 平方千米（图 3-5）。

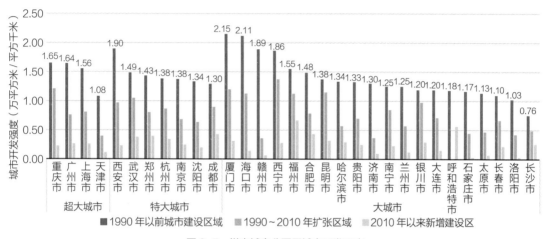

图 3-5　样本城市分圈层城市开发强度

4. 城市蓝绿空间占比

　　城市蓝绿空间占比指标主要分析样本城市市辖区水域、耕地、山体面积占市辖区面积的比例，用以评价城市的整体生态环境质量。住房和城乡建设部 2016 年印发的《国家园林城市系列标准》数据主要通过高分辨率卫星影像图片获取。

　　36 个样本城市市辖区蓝绿空间占比的平均值为 55.0%。其中，乌鲁木齐、郑州、上海、天津、武汉和厦门 6 个样本城市低于 40%（图 3-6）。

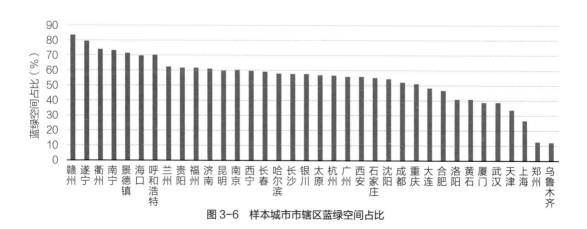

图 3-6　样本城市市辖区蓝绿空间占比

5. 空气质量优良天数

空气质量优良天数指标主要分析市域全年空气质量指数（AQI 指数）不大于 100 的天数，用以评价城市空气环境质量。《"十三五"生态环境保护规划》和《打赢蓝天保卫战三年行动计划》要求 2020 年地级及以上城市空气质量优良天数比率达到 80%（292 天）。数据主要通过生态环境部数据中心获取。

体检结果显示，19 个样本城市的年空气质量优良天数（比率）达到或超过 292 天（80%），占比 52.8%；石家庄、洛阳、郑州、济南等 8 个城市低于 250 天。从地理区域看，华北和华中地区空气质量最为严峻（图 3-7）。

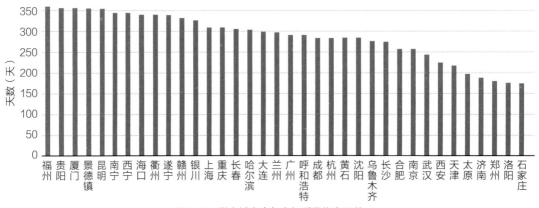

图 3-7 样本城市全年空气质量优良天数

从城市规模看，超大、特大城市空气质量优良天数不达标率较高，差异较大。上海、广州等 11 个超大、特大城市中，有 8 个城市空气质量优良天数不达标，只有上海、重庆和广州达标，上海和重庆为 308 天，广州为 292 天。不达标的城市中天津市全年空气质量优良天数 220 天，优良率 60.3%。

大城市空气质量比超大、特大城市空气质量稍好，但仍然需要继续改善。在 21 个大城市中，有 8 个城市空气质量优良天数不达标，具体为石家庄、太原、呼和浩特、合肥、济南、乌鲁木齐、长沙和洛阳，其中石家庄空气质量优良天数仅为 176 天，优良率为 48.2%；洛阳为 177 天，优良率 48.5%。

6. 城市水环境质量优于 V 类比例

城市水环境质量优于 V 类比例指标主要分析市域水体水环境质量优于 V 类数量占市域水体总数的比例，用以评价城市水环境质量。《"十三五"生态环境保护规划》国发〔2016〕65 号要求，2020 年地级市及以上城市地表水环境质量优于 V 类的比例不低于 95%。数据主要通过蔚蓝地图物联网大数据获取。

从本次体检结果看，城市水环境质量大部分达不到上述目标，36 个样本城市水环境优于 V 类比例的平均值为 71%，只有 5 个城市达到或接近 95%，达标率仅为 13.9%；10 个样本城市低于 60%，占比 27.8%（图 3-8）。

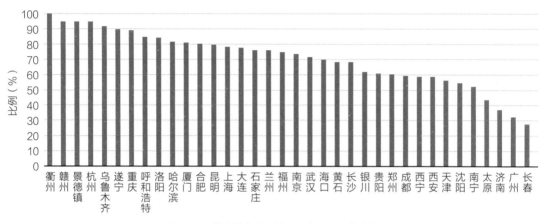

图 3-8　样本城市水环境质量优于 V 类的比例

大城市普遍存在水环境问题。11 个超大、特大城市中，只有杭州为 94.5% 接近达标值，广州、天津、成都、西安、沈阳 5 个城市低于 60%，其中广州仅为 31.93%。在 21 个大城市中，只有赣州和乌鲁木齐接近 95%，长春、太原、济南、南宁、西宁 5 个城市低于 60%。

7. 公园绿地服务半径覆盖率

公园绿地服务半径覆盖率指标主要分析市辖区建成区公园绿地服务半径覆盖的居住用地面积占市辖区建成区总居住用地面积的比例，是评价城市公共空间环境质量的重要指标。《国家园林城市评选标准》要求公园绿地服务半径覆盖率不低于 80%，《完整居住社区建设标准（试行）》要求新建地区公园绿地服务半径覆盖率为 100%。数据主要通过开源地图兴趣边界获取。

基于对各类开源地图的兴趣边界类型中，公园绿地数据进行的分析，样本城市的市辖区建成区公园绿地服务半径覆盖率平均为 70.2%，24 个样本城市的市辖区建成区公园绿地服务半径覆盖率低于 80%。其中 8 个城市的公园绿地服务半径覆盖率低于 55%，占全部样本城市的 22%，石家庄和洛阳均低于 40%，分别为 34.9% 和 38.7%；有 12 个城市的公园绿地覆盖半径超过 80%，其中上海最高值达到 91.5%（图 3-9）。

超大、特大城市的该项指标普遍比大城市好，大城市比中小城市好。11 个超、特大城市的公园绿地服务半径覆盖率平均值为 77.5%，21 个大城市的平均值为 68.8%，4 个中小城市的平均值为 56.8%。

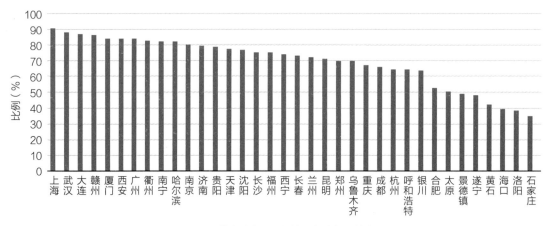

图 3-9　样本城市公园绿地服务半径覆盖率

8. 城市绿道密度

城市绿道密度指标主要分析市辖区建成区范围内绿道长度与市辖区建成区面积的比例，用以评价城市公共空间环境质量。绿道的定义参考《住房城乡建设部关于印发绿道规划设计导则的通知》（建城函〔2016〕211 号）中的规定，包括自行车骑行、步行等慢行道路以及为保证绿道连续而局部利用非机动车道及人行道的路段。数据主要由住房和城乡建设部提供。

样本城市市辖区城市绿道密度平均为 1.32 千米 / 平方千米。16 个样本城市超过 1.0 千米 / 平方千米，占比 44.4%，其中福州、武汉、西宁、广州、贵阳、衢州和遂宁 7 个城市超过 2.0 千米 / 平方千米。总体来看，华东和华南地区城市该项指标值较好（图 3-10）。

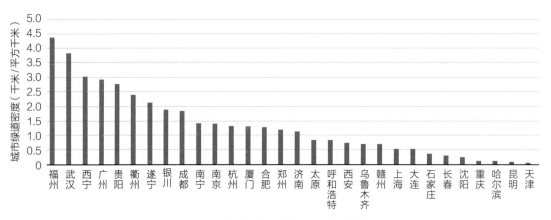

图 3-10　城市市辖区建成区城市绿道密度

9. 新建建筑中绿色建筑占比

新建建筑中绿色建筑占比指标主要分析市辖区建成区的本年度竣工的民用建筑（包括居住

建筑和公共建筑）中按照绿色建筑相关标准设计、施工并通过竣工验收的建筑面积的比例，用以评价城市建设中环保节能情况。数据主要通过各地政府统计数据获取。

按照中国人居环境奖评奖标准，新建建筑中绿色建筑占比应不低于 50%。本次体检，30个样本城市新建建筑中绿色建筑占比超过 50%，达标城市数量占比为 83.3%，上海、济南、衢州、郑州、乌鲁木齐 5 个城市达到 100%，洛阳、太原、贵阳、海口等 6 个城市未达到50%（图 3-11）。

同时，根据 2020 年 7 月住房和城乡建设部等七部委《关于印发绿色建筑创建行动方案的通知》建标〔2020〕65 号，提出到 2020 年城镇新建建筑中绿色建筑面积占比达到 70%。城市体检结果显示，15 个城市已经达到这一目标。

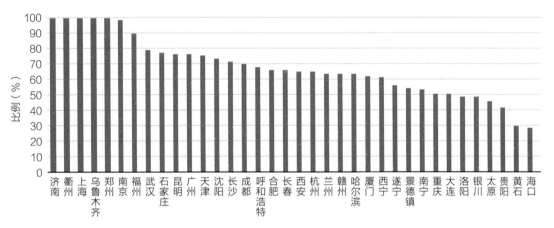

图 3-11　样本城市市辖区新建建筑中绿色建筑的比例

第二节　健康舒适

本节评价了城市社区服务设施配套、社区管理，以及居民健身场地设施建设等情况，具体涉及社区便民服务设施覆盖率、社区养老服务设施覆盖率等 9 项指标。

一、健康舒适总体评价

第三方城市体检结果显示，样本城市社区便民服务设施覆盖率平均达到 61.4%，武汉、厦门超过 70%；样本城市普惠性幼儿园覆盖率平均值达到 66.86%，上海、杭州、厦门、赣州、衢州等 7 个城市超过接近或达到 80%；样本城市人均体育场地面积平均为 2.04 平方米 /人，25 个样本城市超过了《"十三五"公共体育普及工程实施方案》提出的 2020 年人均 1.8平方米 / 人的目标。

样本城市居住社区存在养老服务设施不完善、医疗卫生服务和社区体育活动场地不足等问题，与人民日益增长的美好生活需要还有差距。体检结果显示，18 个样本城市的社区养老服务设施覆盖率不足 40%，乌鲁木齐、贵阳、哈尔滨等 9 个城市低于 30%；2019 年国家卫生健康委员会公布的社区门诊分担率的全国平均值为 23.3%，26 个样本城市达不到全国平均值，黄石、赣州、衢州等中小城市社区门诊分担率不足 10%；25 个城市的人均社区室外体育场地面积低于《全民健身计划（2016—2020 年）》要求的 0.3 平方米 / 人。

二、健康舒适指标专项分析

1. 社区便民服务设施覆盖率

社区便民服务设施覆盖率指标主要分析市辖区建成区建有便民超市、快递点、综合服务等公共服务的社区数占社区总量的比例，用以评价完整居住社区服务设施情况。数据主要通过 POI 完整社区覆盖度及社区管理员问卷调查获取。

社区便民服务设施包括社区超市、便利店、快递服务点、菜场等。第三方城市体检结果显示，样本城市建成区社区便民服务设施覆盖率平均值为 61.4%，27 个样本城市该项指标超过 60%，仅海口、乌鲁木齐低于 50%（图 3-12）。

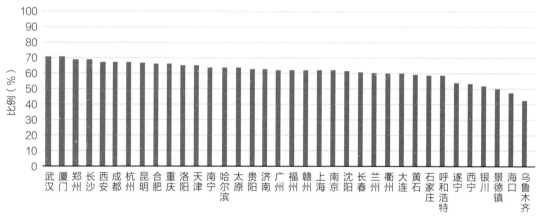

图 3-12　市辖区社区便民服务设施覆盖率

2. 社区养老服务设施覆盖率

社区养老服务设施覆盖率指标主要分析市辖区建成区建有社区养老服务设施（养老机构或养老送餐点）的社区占建成区社区总量的比例，用以评价完整居住社区服务设施情况。2019 年，民政部印发的《关于进一步扩大养老服务供给　促进养老服务消费的实施意见》提出，到 2022 年社区日间照料机构覆盖率达到 90% 以上。数据主要通过社区管理员以问卷调查形式获取。

社区养老服务设施指社区日间照料中心、食堂、老年活动中心等各种社区养老服务设施。第三方城市体检结果显示，社区养老服务设施覆盖率总体较低，36 个样本城市平均值为 44.6%，较 100% 全覆盖仍有较大差距。

社区养老服务设施城市间差异较大。上海、天津、杭州、武汉、南京、合肥等 9 个城市超过或接近 60%，西宁最高为 75.6%；长春、哈尔滨、石家庄、景德镇等 18 个城市的社区养老服务设施覆盖率低于 40%，最低的乌鲁木齐、贵阳，分别为 17.7% 和 19.5%（图 3-13）。

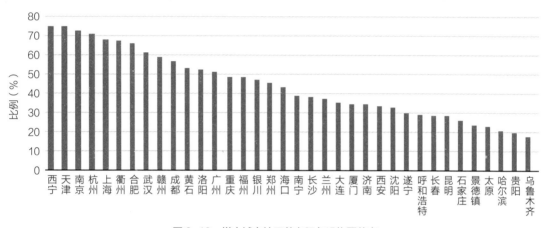

图 3-13　样本城市社区养老服务设施覆盖率

从城市规模看，超大、特大城市养老设施覆盖率较高。11 个超大城市和特大城市社区养老服务设施覆盖率平均值为 56.4%；大连、长春等 21 个大城市的平均值为 38.5%；黄石等 4 个中小城市的平均值为 43.9%。

3. 普惠性幼儿园覆盖率

普惠性幼儿园覆盖率指标主要分析市辖区有公办幼儿园和普惠性民办幼儿园的小区数占市辖区小区数的比例，用以评价城市抚幼服务情况。数据主要通过社区管理员以问卷调查形式获取。

样本城市普惠性幼儿园覆盖率的平均值为 66.9%。上海、杭州、厦门、赣州、衢州等 7 个城市超过或达到 80%，哈尔滨、乌鲁木齐、太原、沈阳、长春等 8 个城市低于 60%（图 3-14）。

从城市规模看，中小城市普惠幼儿园覆盖率较高。超大、特大城市的平均值为 67.6%，大城市的平均值为 64.9%，中小城市的普惠幼儿园覆盖率平均值为 75.4%。

4. 社区卫生服务中心门诊分担率

社区卫生服务中心门诊分担率指标主要分析市辖区建成区社区卫生服务机构门诊量占市辖

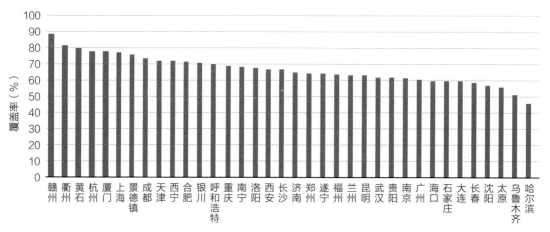

图 3-14　样本城市普惠性幼儿园覆盖率

区建成区总门诊量的比例，用以评价完整居住社区服务情况。数据主要通过各地政府统计数据获取。

国家卫生健康委员会统计数据显示，2019 年全国社区卫生服务中心门诊分担率的平均值为 23.3%。体检结果显示，36 个样本城市建成区社区卫生服务中心门诊分担率平均值为 21.6%，26 个样本城市低于全国平均值。

城市间社区卫生门诊分担率差异较大。南京、厦门、上海等 8 个城市高于 30%，赣州、西安、贵阳等 9 个样本城市的社区卫生服务中心门诊分担率低于 10%（图 3-15）。

社区卫生服务中心服务水平体现了城市基本医疗服务能力，既可以为居民日常就医取药等提供便利，同时也是城市公共卫生应急体系的重要组成部分。社区卫生门诊分担率偏低，可能会影响城市应对突发公共卫生重大事件的能力。

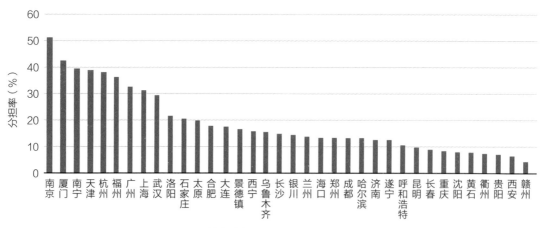

图 3-15　样本城市社区卫生服务中心门诊分担率

5. 人均体育场地面积

人均体育场地面积指标主要分析市辖区常住人口人均健身场地面积，用以评价城市体育服务设施情况。《"十三五"公共体育普及工程实施方案》提出 2020 年城市人均体育场地面积达到 1.8 平方米 / 人。数据主要通过各地政府统计数据获取。

第三方体检结果显示，36 个样本城市市辖区人均体育场地面积平均为 2.04 平方米 / 人，25 个样本城市市辖区人均体育场地面积超过 1.8 平方米 / 人，占比 69.4%。广州、厦门、大连、南京、海口、银川 6 个城市的该项指标超过 2.5 平方米 / 人（图 3-16）。

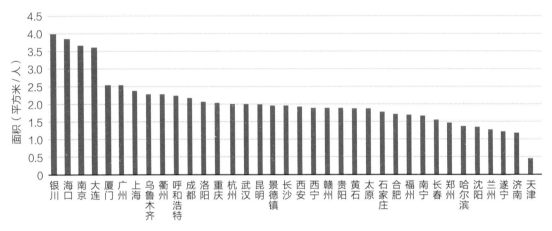

图 3-16　市辖区人均体育场地面积

6. 人均社区体育场地面积

人均社区体育场地面积指标主要分析市辖区社区体育场地总面积与市辖区社区常住人口的比值，用以评价完整居住社区服务设施情况。《全民健身计划（2016—2020 年）》要求城市新建社区室外运动场地不低于 0.3 平方米 / 人。数据主要通过社区管理员以问卷调查的方式获取。

第三方体检结果显示，36 个样本城市的人均社区体育场地面积的平均值为 0.23 平方米 / 人，28 个样本城市人均社区体育场地面积没有达到 0.3 平方米 / 人，占比 77.8%。沈阳、上海、乌鲁木齐、贵阳、西安、银川等 12 个城市低于 0.2 平方米 / 人，上海、沈阳、乌鲁木齐三个城市低于 0.15 平方米 / 人（图 3-17）。

从城市规模看，中小城市的人均社区体育场地面积较高。平均值达 0.4 平方米 / 人，超大、特大城市和大城市的人均社区体育场地面积的平均值为 0.2 平方米 / 人。

7. 老旧小区个数占比

老旧小区个数占比指标主要分析采集到的社区信息中市辖区建成区老旧小区个数占市辖区

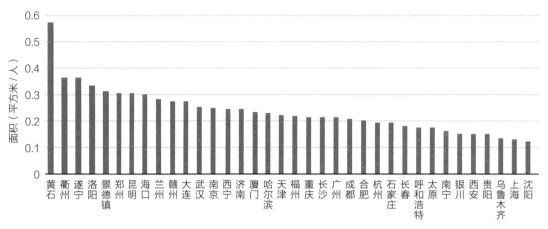

图 3-17　样本城市市辖区社区人均体育场地面积

建成区小区个数的比例，用以评价城市更新情况。数据主要通过社区管理员以问卷调查形式获取。

　　第三方体检结果显示，以 2000 年以前建成的小区为老旧小区，36 个样本城市老旧小区个数占比的平均值为 44%，广州、天津、武汉等 14 个城市的老旧小区个数占比超过 45%，占全部样本城市的 38.9%，其中兰州、济南、洛阳、太原和天津 5 个城市超过 50%；赣州、南宁、重庆的老旧小区个数占比低于 30%。从占地面积来看，36 个样本城市老旧小区用地面积占比为 32%（图 3-18）。

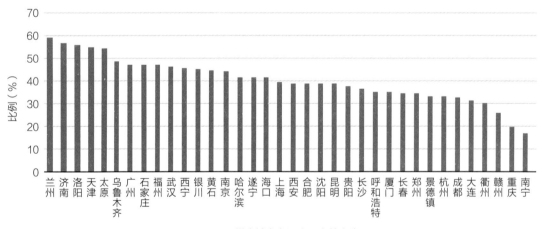

图 3-18　样本城市老旧小区个数占比

8. 高层高密度住宅用地占比

　　高层高密度住宅用地占比指标主要分析市辖区建成区高层高密度居住区用地面积占市辖区

建成区居住用地面积的比例（"高层住宅"指 60 米或 18 层及以上住宅，"高密度住宅"指容积率大于等于 3.5 的居住小区），用以评价城市土地利用情况。数据主要通过高分辨率卫星影像图片获取。

第三方城市体检结果显示，样本城市高层高密度住宅用地占比的平均值为 20.8%。14 个样本城市建成区高层高密度住宅用地占比超过 25%，占比 38.9%，其中广州、重庆、福州、厦门、郑州、哈尔滨等 8 个城市超过 35%。

超大、特大城市的该项指标平均值为 25.5%，大城市的平均值为 22.1%，中小城市的平均值为 0.65%，36 个样本城市的平均值为 20.8%（图 3-19）。

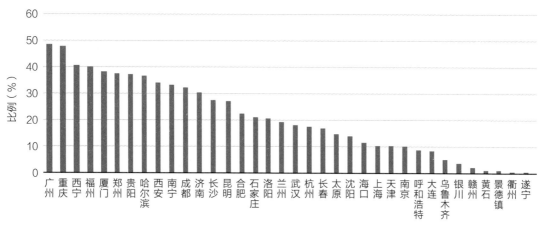

图 3-19　市辖区建成区高层高密度住宅用地占比

9. 高密度医院占比

高密度医院占比指标主要分析市辖区建成区二级及以上综合医院建筑密度超过 35% 的比例，用以评价城市公共卫生功能布局情况。数据主要通过高分辨率卫星影像图片获取。

第三方城市体检结果显示，36 个样本城市高密度医院占比平均为 32.9%。15 个样本城市高密度医院占比超过 35%，占比 44.4%，其中广州、重庆、海口和长春 4 个城市超过 50%（图 3-20）。

超大、特大城市的该项指标偏高。超大、特大城市高密度医院占比平均值为 39.81%，大城市平均值为 32.2%，中小城市平均为 18.75%。

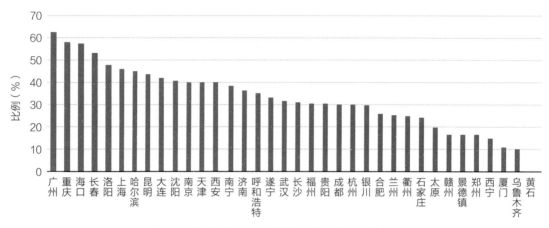

图 3-20　市辖区建成区高密度医院在二级及以上医院中的占比

第三节　安全韧性

本节主要评价了城市应对公共卫生事件、自然灾害、安全事故的风险防御水平，以及快速恢复能力，包括城市建成区积水内涝点密度、城市万车死亡率等 8 个指标。

一、安全韧性总体评价

第三方城市体检结果显示，城市安全韧性得到提高，30 个样本城市万车死亡率低于 2 人 / 万车，参与 2019 城市体检试点的 11 个样本城市万车死亡率平均值由 1.53 降至 1.50；30 个样本城市市辖区人均避难场所面积超过 2.0 平方米 / 人，超过了 1.5 平方米 / 人的国家标准的要求；武汉、上海、沈阳等城市内涝点整治工作取得积极进展。

安全韧性是城市面临主要短板问题之一，主要表现在积水内涝点、万车死亡率、城市二级及以上医院覆盖率、城市传统商贸批发市场聚集程度等方面。虽然 80.6% 的样本城市万车死亡率低于 2 人 / 万车，但是离日本的 0.77 人 / 万车、英国的 1.11 人 / 万车尚有差距。样本城市优质医疗资源分布不均衡，36 个样本城市二级以上医院覆盖率的平均值为 65.5%，只有沈阳、石家庄、太原等 6 个样本城市超过 80%，重庆、杭州、郑州、厦门、赣州 5 个城市低于50%。2020 年长江流域遇强降雨，考验出武汉等城市的防洪排涝能力有所提升，但样本城市建成区积水内涝点密度平均为 0.07 个 / 平方千米，其中景德镇、洛阳、昆明、贵阳、上海、兰州和重庆 7 个城市超过 0.1 个 / 平方千米。

城市地下市政基础设施安全管理薄弱。19 个样本城市地下管线普查建档没有达到 100%，结合 2020 年西宁"1·13"事件进行的城市市政基础设施管线情况调查，反映地下市政基础设施监测手段不足、缺乏全面防控，底数不清、安全监测覆盖不全，城市道路沉降、塌陷等突发事件，燃气、给水排水、供热等管线破损泄漏事故屡有发生。

二、安全韧性专项指标分析

1. 城市建成区积水内涝点密度

城市建成区积水内涝点密度指标主要分析市辖区建成区内常年出现积水内涝现象的地点数量占市辖区建成区面积的比例，用以评价城市应对自然灾害能力。数据主要通过各地政府统计数据获取。

36 个样本城市的积水内涝点平均值为 0.07 个 / 平方千米。16 个城市的积水内涝点超过 0.05 个 / 平方千米，占全部样本城市的 44.4%，其中景德镇、海口、昆明、贵阳、兰州、上海、沈阳等 7 个城市的积水内涝点密度均超过 0.1 个 / 平方千米（图 3-21）。

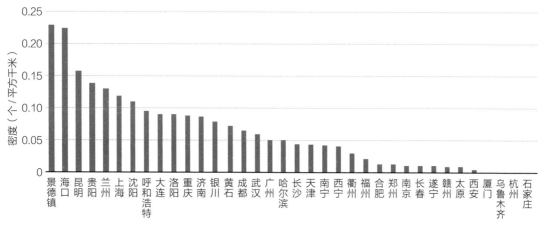

图 3-21　样本城市建成区积水内涝点密度

虽然近年来，城市积极提高防洪排涝能力，但积水内涝仍然是我国常见的"城市病"。住房和城乡建设部 2010 年的调查显示，在 351 个城市中，有 213 个发生过积水内涝，占总数的 62%；内涝灾害一年 3 次以上的城市就有 137 个，57 个城市的最大积水时间甚至超过 12 小时。

2. 城市万车死亡率

城市万车死亡率指标主要分析市辖区每年因道路交通事故死亡的人数占市辖区机动车保有量的比例，用以评价城市应对交通事故能力。国家畅通工程评价标准将 2~5 人 / 万车作为一等。数据主要由中国安全生产科学研究院提供。

36个样本城市的万车死亡率平均为1.50人/万车，29个样本城市万车死亡率低于2人/万车，占比80.6%。其中，福州、厦门等5个样本城市低于0.5人/万车，天津、长春、哈尔滨、太原、合肥等7个城市的万车死亡率高于2人/万车，其中长春最高，达到4.4人/万车（图3-22）。

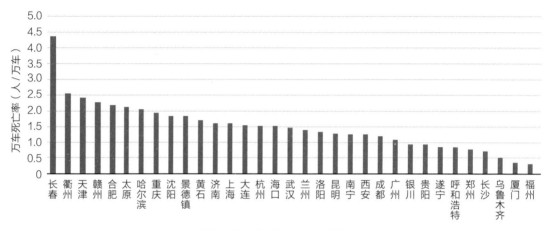

图3-22 样本城市万车死亡率

虽然近年来我国城市万车死亡率不断下降，但是样本城市万车死亡率的平均值，仍高于日本的0.77人/万车、英国的1.11人/万车。

3. 人均避难场所面积

人均避难场所面积指标主要分析市辖区建成区应急避难场所面积与市辖区建成区常住人口占比，用以评价城市应对各类灾害及事故的能力。《地震应急避难场所场址及配套设施》GB 21734-2008要求大于1.5。数据按应急管理部2019年标准要求，测算了公园、体育场、学校操场总面积，主要由腾讯、百度兴趣边界数据提供。

样本城市市辖区人均避难场所面积平均为3.25平方米/人，衢州、洛阳、兰州、天津、石家庄和杭州6个城市低于2.0平方米/人，大连、呼和浩特、南宁、银川、遂宁、福州等11个样本城市超过4平方米/人，在样本城市中占比30.6%（图3-23）。

总体而言，大城市表现最好，中小城市比超大、特大城市好。超大、特大城市该项指标的平均值为2.91平方米/人，大城市的平均值为3.44平方米/人，中小城市的平均值为3.20平方米/人。

4. 城市二级及以上医院覆盖率

城市二级及以上医院4千米（公交15分钟可达）服务半径覆盖的建设用地占建成区总建设用地面积的比例，用以评价城市应对公共卫生事件的能力。数据主要通过高德POI兴趣点获取。

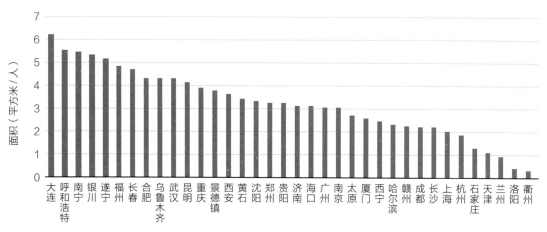

图 3-23　市辖区人均避难场所面积

样本城市二级及以上医院覆盖率平均为 65.5%，有 5 个城市的二级及以上医院的覆盖率低于 50%，其中，厦门和重庆最低，分别为 36.18% 和 39.46%。沈阳、石家庄、太原、兰州、洛阳和黄石等 6 个城市高于 80%，占比 16.7%，兰州最高，为 93.45%（图 3-24）。

中小城市比大城市好，大城市比超大、特大城市好。中小城市二级及以上医院覆盖率平均为 70.2%，大城市平均值为 67.8%，超大、特大城市平均值为 59.4%。在低于 50% 的下限值的 5 个城市中，超大、特大城市 3 个，大城市 2 个，中小城市 0 个。

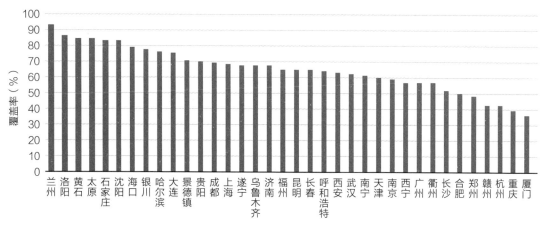

图 3-24　样本城市二级及以上医院覆盖率

5. 城市医疗废弃物处理能力

城市医疗废弃物处理能力指标主要分析市辖区建成区内平常日均集中处置医疗废物总量占集中处置能力的比例，用以评价城市应对公共卫生事件的能力。数据主要由各地政府统计数据提供。

城市废弃物处理能力整体较好，21个样本城市医疗废弃物处理能力的饱和度低于85%，占全部样本城市的58.3%；少数城市处理能力过饱和，有5个城市达到或超过100%，占全部样本城市的13.9%。其中，沈阳该指标值最高，达到132%（图3-25）。

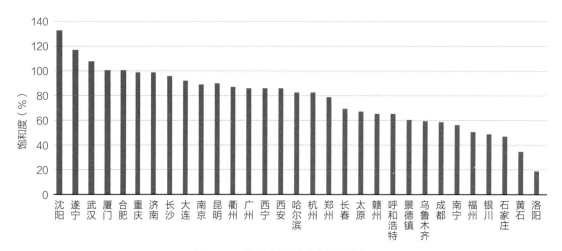

图3-25 样本城市医疗废物处理能力

医疗废弃物处理能力饱和度过低会导致设施设备闲置过多，也会增大运营成本。7个城市的医疗废弃物处理能力低于60%，占全部样本城市的19.4%，最低的两个城市洛阳和黄石分别为17.7%和34%。

6. 人均城市大型公共设施具备应急改造条件的面积

人均城市大型公共设施具备应急改造条件的面积指标主要分析市辖区具备应急改造条件的建筑总面积与市辖区常住人口数的比值，用以评价城市应对各类灾害及事故的能力。数据主要通过各地政府统计数据获取。

样本城市人均城市大型公共设施具备应急改造条件的面积平均为0.24平方米/人。6个样本城市（占全部样本城市的16.7%）该项指标超过0.25平方米/人，分别为福州、黄石、呼和浩特、济南、西宁和西安（图3-26）。

7. 城市传统商贸批发市场聚集程度

城市传统商贸批发市场聚集程度指标主要分析建成区内传统商贸批发市场数量占市辖区传统商贸批发市场总数的比例，用以评价城市应对公共卫生事件的能力。数据主要通过高德POI兴趣点获取。

样本城市的市辖区建成区内传统商贸批发市场聚集程度的平均值为47.3%。26个样本城市该项指标超过30%，13个样本城市该项指标超过60%，乌鲁木齐、厦门、呼和浩特、昆

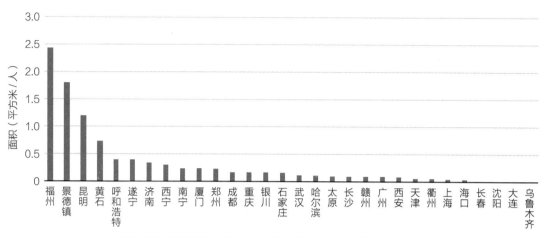

图 3-26　市辖区人均城市大型公共设施具备应急改造条件的面积

明、西宁、西安等 6 个城市的传统商贸批发市场聚集程度超过 70%，最高的两个城市乌鲁木齐和厦门分别为 85.0% 和 83.3%（图 3-27）。

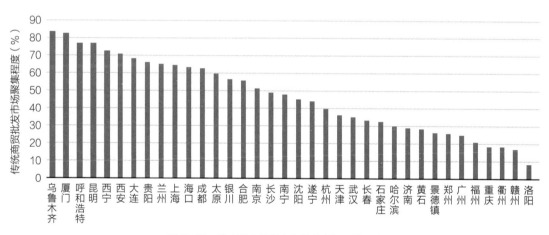

图 3-27　样本城市传统商贸批发市场聚集程度

第四节　交通便捷

本章评价了城市交通系统整体水平，公共交通的通达性和便利性，包括建成区高峰时间平均机动车速度、城市道路网密度、城市常住人口平均单程通勤时间等 5 个指标。

一、交通便捷总体评价

第三方城市体检结果显示，城市绿色出行发展较好。样本城市公共交通出行分担率、城市绿道密度两个指标较好。36 个样本城市公共交通出行分担率平均值达到 41.8%，24 个样本城市达到交通运输部《城市公共交通"十三五"发展纲要》的要求；城市绿道密度平均为 1.32 千米 / 平方千米，超过国家标准的 1.0 千米 / 平方千米。

城市交通拥堵、通勤时间长、停车难问题仍然突出。样本城市建成区高峰时间平均机动车速度为 23.0 千米 / 小时，只有银川、衢州、太原 3 个城市超过 25 千米 / 小时，其他样本城市均中等拥堵或严重拥堵；大城市单程通勤时间长，上海、重庆、合肥、天津、成都、西安等 10 个城市都超过 40 分钟，中小城市黄石、遂宁和衢州也超过 30 分钟；城市停车难，老旧小区居住区尤为突出，样本城市老旧小区停车泊位与小汽车拥有量的比例平均值为 65.6%，比市辖区居住区停车泊位与小汽车拥有量比例的平均值低了近 23 个百分点。

二、交通便捷专项指标分析

1. 建成区高峰时间平均机动车速度

建成区高峰时间平均机动车速度指标主要分析市辖区建成区高峰时段各类道路、各类机动车的平均行驶速度，用以评价城市机动车交通通畅性。综合国家标准《城市综合交通体系规划标准》GB/T 51328-2018 和《道路交通信息服务——交通状况描述》GB/T 29107-2012 对城市高峰时间平均机动车速度的要求，快速路应不小于 30 千米 / 小时，主干路应不小于 20 千米 / 小时（图 3-28）。数据主要通过高德、百度大数据获取。

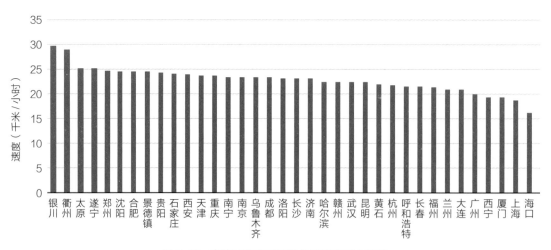

图 3-28　市辖区建成区高峰时间平均机动车速度

36 个样本城市建成区高峰时间平均机动车速度为 23.0 千米 / 小时，银川、衢州、太原 3 个城市的建成区高峰时间平均机动车速度高于 25 千米 / 小时，海口、上海、厦门和西宁 4 个城市低于 20 千米 / 小时，属于严重拥堵。

2. 城市道路网密度

城市道路网密度指标主要分析市辖区建成区道路长度占市辖区建成区面积的比例，用以评价城市交通系统建设情况。根据《中共中央　国务院关于进一步加强城市规划建设管理工作的若干意见》，超大、特大城市路网密度不低于 8 千米 / 平方千米；大城市不低于 6 千米 / 平方千米；中小城市不低于 5.5 千米 / 平方千米。数据主要通过大数据获取。

36 个体检城市的道路网密度平均值为 6.94 千米 / 平方千米，15 个样本城市市辖区建成区内路网密度没有达标。在 11 个超大、特大城市中，重庆、武汉、郑州和西安的路网密度没有达到 8 千米 / 平方千米；21 个大城市中，太原、呼和浩特、贵阳、兰州等 9 个城市路网密度没有达到 6 千米 / 平方千米，西宁最低仅为 3.97 千米 / 平方千米；中小城市黄石没有达到 5.5 千米 / 平方千米（图 3-29）。

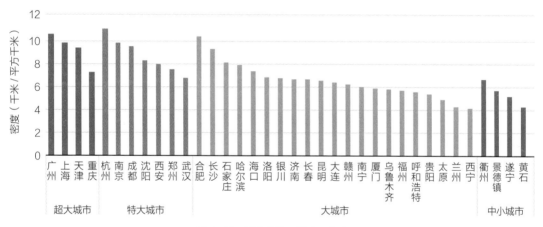

图 3-29　城市市辖区道路网密度

3. 城市常住人口平均单程通勤时间

城市常住人口平均单程通勤时间指标主要分析城市常住人口单程通勤所花费的平均时间，用以评价城市整体交通服务水平。参照中国人居环境奖标准和《2020 年度全国主要城市通勤监测报告》，超大城市平均通勤时间为 39.6 分钟，特大城市平均为 37.1 分钟。数据主要通过居民满意度调查、手机信令、高德、百度及社会大数据获取。

36 个样本城市的城市常住人口平均单程通勤时间平均值为 37.6 分钟。其中超大、特大城市平均值为 42.5 分钟、40.2 分钟，上海、重庆、合肥、天津、成都、西安、武汉、广州、昆明、南京 10 个城市常住人口平均单程通勤时间超过 40 分钟，中小城市黄石、遂宁和衢州也超过 30 分钟（图 3-30）。

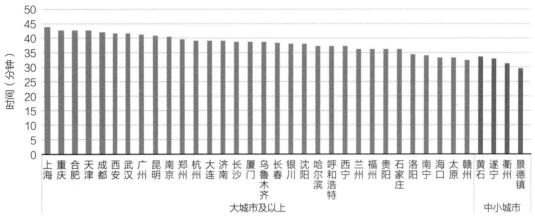

图 3-30　城市常住人口平均单程通勤时间

4. 居住区停车泊位与小汽车拥有量的比例

（1）居住区停车泊位与小汽车拥有量的比例

居住区停车泊位与小汽车拥有量的比例指标主要分析市辖区内社区停车泊位总量占市辖区社区居民小汽车拥有量的比例，用以评价城市静态交通情况。《完整居住社区建设标准（试行）》要求新建居住社区按照不低于 1 车位 / 户配建机动车停车位（图 3-31）。数据主要通过社区管理员以问卷调查形式获取。

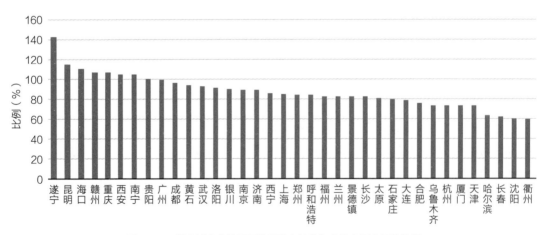

图 3-31　样本城市市辖区居住区停车泊位与小汽车拥有量的比例

体检结果显示，36 个样本城市的建成区居住区停车泊位与小汽车拥有量的比例平均值为 88.0%。遂宁、海口、赣州等 9 个城市的市辖区内居住区停车泊位与小汽车拥有量的比例高于 100%，石家庄、大连等 11 个城市低于 80%，衢州、沈阳最低，分别为 60.1%、61.0%。

（2）老旧小区停车泊位与小汽车拥有量的比例

本次体检，特别针对 2000 年以前建设的城市老旧小区，对社区停车问题做了进一步分析评价。主要分析市辖区内老旧小区停车泊位总量占市辖区老旧小区居民小汽车拥有量的比例，数据主要通过社区管理员以问卷调查形式获取。

体检结果显示，城市老旧小区停车难问题更为严重，36 个样本城市的老旧小区停车泊位与小汽车拥有量的比例平均值为 65.6%，比市辖区居住区停车泊位与小汽车拥有量的比例平均值低了近 23 个百分点（图 3-32）。

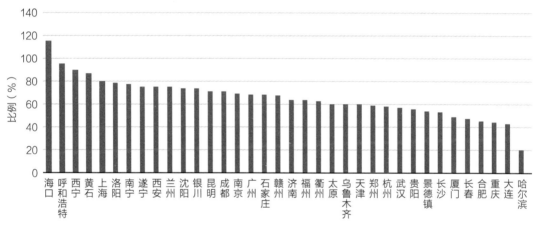

图 3-32　市辖区老旧小区停车泊位与小汽车拥有量的比例

只有海口、呼和浩特、西宁、黄石 4 个城市老旧小区停车泊位与小汽车拥有量的比例高于 80%，厦门、长春、哈尔滨、大连、重庆、合肥 6 个城市不足 50%。反映城市老旧小区停车问题较为突出。

5. 公共交通出行分担率

公共交通出行分担率指标主要分析市辖区公共交通的出行量占市辖区机动化出行总量的比例，用以评价城市绿色出行情况。交通运输部《城市公共交通"十三五"发展规划纲要》要求，超大、特大城市公共交通出行分担率应大于 40%，大城市该项指标应大于 30%，中小城市该项指标应大于 20%。数据主要通过居民满意度调查获取。

体检结果显示，近年来市民城市绿色出行比例明显提升，但城市间差异较大，上海、天津、杭州、太原、海口、衢州等 12 个城市的公共交通出行分担率不达标。在 11 个超大、特大城市中，杭州、沈阳等5个城市没有达到40%，杭州最低，为31.0%。

在21个大城市中，兰州、西宁、大连、贵阳、哈尔滨等6个城市超过了50%，赣州、太原、海口、呼和浩特、洛阳5个城市没有达到30%；4个中小城市中，黄石、遂宁较高，公共交通出行分担率达到或接近40%，衢州和景德镇低于20%，分别为18.4%和15.0%（图3-33）。

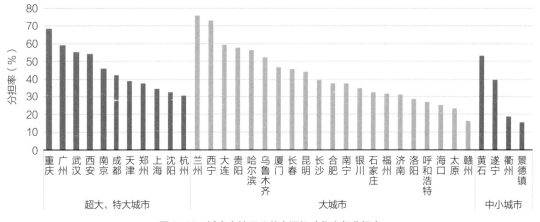

图3-33　城市市辖区公共交通机动化出行分担率

第五节　风貌特色

本章主要评价了城市风貌塑造、城市历史文化的保护与传承情况，包括历史街区占城市建成区比例、历史建筑密度、工业遗产利用率、城市国内外游客吸引力4个指标。

一、风貌特色总体评价

第三方城市体检结果显示，挂牌历史建筑在城市建成区中的密度差异较大，较大的上海、赣州、景德镇市超过1个/平方千米；样本城市游客吸引力不断增强，七成以上的样本城市外来旅游人数保持在年2000万人次以上。

历史文化是城市的灵魂，文化遗产是历史文化的重要载体。历史街区、历史建筑、工业遗产等在城市建成区中的占比已经很低，必须严格制定文化遗产保护机制，坚决落实保护措施，杜绝大拆大建、割断城市历史文脉现象。样本城市历史街区占城市建成区面积比例平均为0.73%，昆明、郑州、银川、遂宁、合肥等8个城市低于0.1%；多数样本城市的历史建筑普查、认定、登记建档、挂牌率低，赣州、海口、景德镇、上海、厦门、天津等11

个样本城市建成区历史建筑密度高于 0.5 个 / 平方千米；工业遗产保护与活化利用不足，工业遗产利用率平均为 51.4%，其中乌鲁木齐、银川、长春、西宁和四川遂宁 5 个城市低于 40%。

二、风貌特色专项指标分析

1. 历史街区占城市建成区比例

历史街区占城市建成区比例指标主要分析历史文化街区面积占城市建成区面积的比例，用以评价城市历史街区保护情况。

根据住房和城乡建设部数据统计，36 个样本城市历史文化街区占城市建成区面积比例平均为 0.73%。城市间差异较大，其中上海、哈尔滨、长春、洛阳等 8 个城市高于 1.0%，上海市最高，为 2.4%；昆明、郑州、银川、遂宁、合肥等 8 个城市低于 0.1%（图 3-34）。

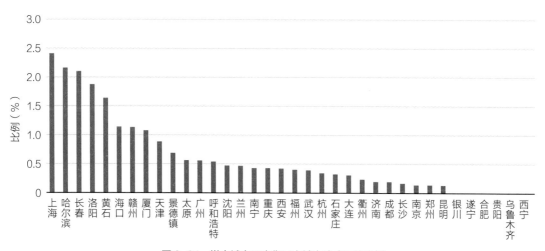

图 3-34　样本城市历史街区占城市建成区的比例

2. 工业遗产利用率

工业遗产利用率指标主要分析市辖区建成区范围内仍在延续使用或已经活化利用的工业遗产数量占工业遗产总数量的比例，用以评价城市工业遗产保护利用的情况。数据主要通过 POI 兴趣点及网络大数据获取。

36 个样本城市该项指标的平均值为 51.0%。从城市规模看，中小城市的工业遗产利用率相对较低，平均值为 47.0%。哈尔滨、黄石、济南、昆明、贵阳、大连等 7 个样本城市超过 60%，乌鲁木齐、银川、长春、西宁、遂宁等 5 个城市低于 40%（图 3-35）。

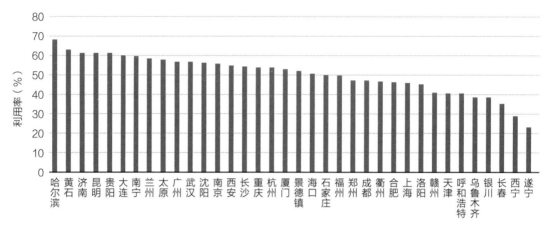

图 3-35　样本城市工业遗产利用率

3. 城市历史建筑平均密度

城市历史建筑平均密度指标主要分析市辖区城市挂牌历史建筑数量占市辖区建成区面积的比例，用以评价城市历史建筑挂牌保护情况。数据主要由各地政府统计数据提供。

体检结果显示，36 个样本城市历史建筑平均密度为 0.40 个 / 平方千米。城市间差异较大，11 个样本城市该项指标超过 0.5 个 / 平方千米，占比 31%，赣州最高为 1.9 个 / 平方千米；衢州、西宁、合肥、石家庄等 13 个样本城市建成区内历史建筑平均密度低于 0.1 个 / 平方千米，占比 36%（图 3-36）。

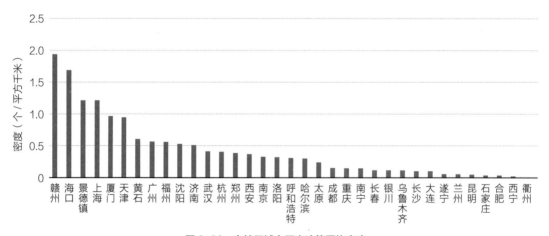

图 3-36　市辖区城市历史建筑平均密度

4. 城市国内外游客吸引力

城市国内外游客吸引力指标主要分析市域主要节假日城市国内外游客量，用以评价城市旅游吸引力。数据主要通过百度网络获取。

第三方城市体检结果显示，36 个样本城市对国内外游客吸引力差异较大。超大城市中，天津国内外游客总数最低，不足 6000 万人 / 年；特大城市中，沈阳偏低，不足 4000 万人 / 年；大城市中，兰州、乌鲁木齐、呼和浩特、海口、银川、西宁，国内外旅游人口偏低，不足 2000 万人 / 年（图 3-37）。

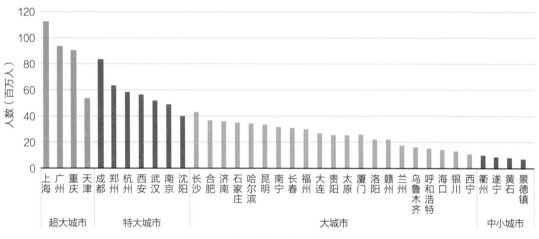

图 3-37　样本城市全年外来游客总数

第六节　整洁有序

本章主要评价了城市环境卫生总体情况和城市市容市貌综合管理水平，包括城市生活垃圾回收利用率、建成区公厕设置密度等 5 个项指标，同时结合了住房和城乡建设部 2020 年在 8 个试点城市开展的城市综合管理服务评价数据。

一、整洁有序总体评价

第三方城市体检结果显示，样本城市市政环卫设施水平不断提升，12 个样本城市生活垃圾回收利用率超过 35%；21 个样本城市建成区公厕设置密度达到或超过 3.5 座 / 平方千米，达到中国人居环境奖的评优标准；样本城市道路机械化清扫率达到 70% 以上，各类站亭、广告招牌设施设置较规范整洁。

同时，样本城市物业管理覆盖普遍存在不足，城市地下管网还没有做到摸清底数。样本城市实施专业化物业管理的住宅小区占比平均为 68.6%，只有上海超过 90%，海口、黄石、贵阳等 7 个城市低于 60%，遂宁市不足 40%；仍有 17 个样本城市地下管网普查建档率没有达到 100%。

此外，2020 年住房和城乡建设部开展的城市综合管理服务评价试点显示，从干净、整洁、有序、安全 4 个方面评价，城市精细化管理仍存在比较突出问题。主要表现在：干净方面，居民对城乡接合部卫生情况的满意度低于 30%，对背街小巷环卫保洁满意度低于 20%，沿街店面乱堆乱、建筑物外立面乱贴乱画问题突出；整洁方面，对老城区架空线满意度普遍低于 30%；有序方面，停车难、非机动车乱停乱放问题普遍存在；安全方面，对非机动车行车安全性反应比较强烈。

二、整洁有序专项指标分析

1. 城市生活垃圾回收利用率

城市生活垃圾回收利用率指标主要分析市辖区建成区回收利用的生活垃圾总量占市辖区建成区生活垃圾产生总量的比例，用以评价城市生活垃圾处理能力。2017 年国务院办公厅发布的《生活垃圾分类制度实施方案》，明确提出"实行生活垃圾强制分类的城市"2020 年要达到 35%。数据主要通过住房和城乡建设部获取。

样本城市的生活垃圾回收利用率平均值为 29.9%。杭州、沈阳、衢州、上海、哈尔滨、合肥、厦门等 13 个城市超过 35%，在全部样本城市中占比 36%；西安、呼和浩特、洛阳、遂宁、黄石等 5 个城市的生活垃圾回收利用率低于 20%，在全部样本城市中占比 14%（图 3-38）。

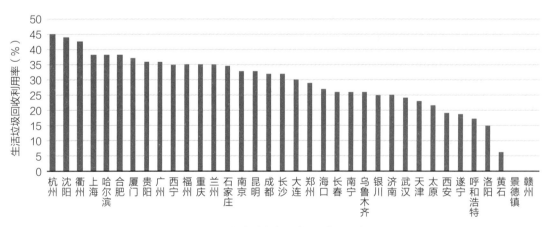

图 3-38　样本城市生活垃圾回收利用率

从城市规模看，超大、特大城市的生活垃圾回收利用率较好，平均值达到 33%，11 个超大、特大城市中有 4 个城市高于 35%，只有西安低于 20%；21 个大城市的生活垃圾回收利用率平均值为 30%；4 个中小城市的平均值为 23%。

2. 城市生活污水集中收集率

城市生活污水集中收集率指标主要分析市辖区建成区向污水处理厂排水的城区人口占城区用水人口的比例，通过集中式和分布式处理设施收集的生活污染物总量与生活污染物排放量之比计算，用以评价城市生活污水处理能力。数据主要通过住房和城乡建设部获取。

第三方城市体检结果显示，36 个样本城市生活污水集中收集率平均为 72.7%，大城市较好，中小城市存在不足。郑州、西安、石家庄、太原、昆明等 7 个城市的生活污水集中收集率达到 90%，占全部样本城市的 19.4%；武汉、南京、沈阳、济南等 11 个城市的生活污水集中收集率低于 70%，占全部样本城市的 31%，其中中小城市赣州、黄石和遂宁均低于 35%，分别为 31.4%、33.5% 和 33.7%（图 3-39）。

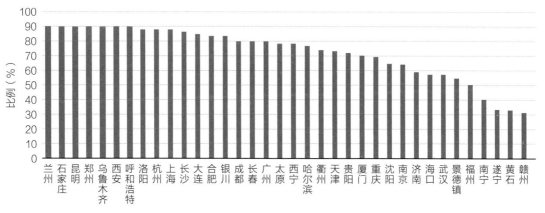

图 3-39　个样本城市生活污水集中收集率

从城市规模看，超大、特大城市比大城市好，大城市比中小城市好。11 个超、特大城市的生活污水集中回收率平均值为 77.0%，21 个大城市的平均值为 75.0%，4 个中小城市的平均值为 49.1%。

3. 建成区公厕设置密度

建成区公厕设置密度指标主要分析市辖区建成区公厕数量占市辖区建成区面积的比例，用以评价城市"厕所革命"成效。中国人居环境奖评优标准为 3.5 座/平方千米，国家标准《城市环境卫生设施规划标准》GB/T 50337-2018 为 3~5 座/平方千米。数据主要通过高德 POI 兴趣点及网络大数据获取。

36 个样本城市该项指标平均值为 3.67 座 / 平方千米。按中国人居环境奖 3.5 座 / 平方千米的评优标准，21 个样本城市建成区公厕设置密度高于 3.5 座 / 平方千米，上海、洛阳、昆明、武汉、杭州、呼和浩特 6 个城市超过了 5 座 / 平方千米；景德镇、赣州、遂宁、衢州、乌鲁木齐等 12 个城市低于 3 座 / 平方千米，低于国家标准《城市环境卫生设施规划标准》GB/T 50337-2018 的要求（图 3-40）。

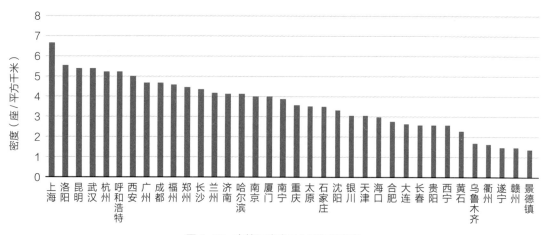

图 3-40　市辖区建成区公厕设置密度

4. 城市各类管网普查建档率

城市各类管网普查建档率指标主要分析市辖区建成区中已开展管网普查建档的区域面积占市辖区建成区总面积的比例。主要用于评价城市精细化管理工作。《国务院办公厅关于加强城市地下管线建设管理的指导意见》（国办发〔2014〕27 号）要求 2015 年底完成管网普查建库。数据主要由各地政府统计数据提供。

36 个样本城市中，19 个城市建成区各类管网普查建档率达到 100%，样本城市各类管网普查建档率平均为 88.3%。上海、银川、呼和浩特、西安等城市各类管网普查建档率不足60%（图 3-41）。

5. 实施专业化物业管理的住宅小区占比

实施专业化物业管理的住宅小区占比指标主要分析市辖区实施专业化物业管理的住宅小区个数占市辖区住宅小区个数的比例，用以评价城市人居环境管理水平。数据主要通过社区管理员以问卷调查形式获取。

根据对 36 个样本城市 3.45 万个小区调研数据，36 个样本城市实施专业化物业管理的小区占比的平均值为 68.6%，城市间差异较大。上海、重庆、天津、石家庄和昆明 5 个城市实

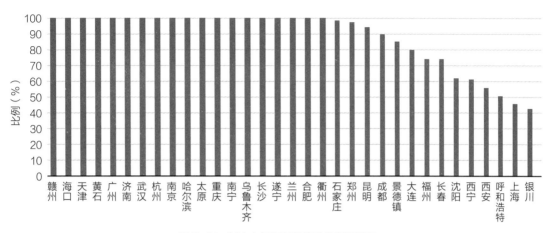

图 3-41　城市市辖区各类管网普查建档率

施专业化物业管理的小区占比超过 80%，上海最高为 91.9%；海口、贵阳、景德镇、赣州、黄石、遂宁、衢州 7 个城市实施专业化物业管理的住宅小区占比不足 60%，占全部样本城市的 19%，其中遂宁最低，仅有 36.0%（图 3-42）。

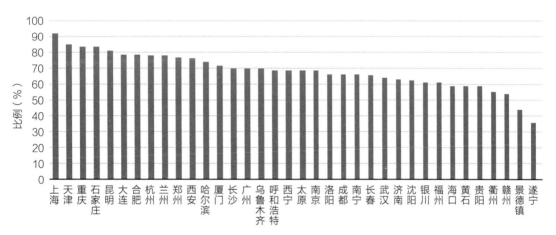

图 3-42　样本城市市辖区实施物业管理的住宅小区占比

从城市规模看，中小城市比大城市差，大城市比超大、特大城市差。11 个超大、特大城市的平均值为 74.8%，有 3 个城市高于 80%；21 个大城市的平均值为 69.2%；中小城市实施专业化物业管理的小区占比的平均值为 48.6%，遂宁、景德镇、赣州、衢州 4 个城市全部低于 60%。

第七节　多元包容

本章主要评价了城市多元包容方面的情况，具体包括城市对老年人、残疾人的服务保障情况，以及对低收入、外来务工人员等的包容度，包括公共空间无障碍设施覆盖率、房租收入比等 5 个指标。

一、多元包容总体评价

第三方城市体检结果显示，36 个样本城市公共空间无障碍设施覆盖率平均值达到 63%，较 2019 年 11 个试点城市的平均值增长 1.2%，但城市间差异较大，中小城市相对较好；24 个样本城市最低生活保障标准占上年度城市人均消费支出的比例处于 25%～33%，在合理范围内。

样本城市的常住人口基本公共服务覆盖率、房租收入比等方面有待进一步优化。超大、特大城市中，上海和天津的房租收入比分别为 38% 和 31%，大连、哈尔滨、福州、厦门、海口等 9 个大城市的房租收入比达到或超过 25%，占 21 个大城市的 36%。

总体而言，中国城市的多元包容性有待提高，随着新型城镇化的深入推进，城镇化率会进一步提高，以人民为中心的城市建设必须考虑对新市民的包容度。

二、多元包容专项指标分析

1. 常住人口基本公共服务覆盖率

常住人口基本公共服务覆盖率指标主要分析城市基本公共服务已覆盖的常住人口数占城市常住人口总数的比例，用以评价城市基本公共服务情况。数据主要通过联通手机信令和智库 2861 社会大数据获取。

第三方体检结果显示，36 个样本城市常住人口基本公共服务覆盖率指标平均值为 57%，样本城市整体偏低。厦门、银川、成都、景德镇等 11 个城市高于 60%，海口、景德镇、福州、天津低于 50%，距离全覆盖仍有较大距离（图 3-43）。

医保、养老及教育三类城市基本公共服务覆盖率中，城镇义务教育覆盖率较低，反映城市对外来人员随迁子女入学入园、使其在流入地享有普惠性学前教育工作仍需努力。

2. 公共空间无障碍设施覆盖率

第三方城市体检中，公共空间无障碍设施覆盖率指标主要通过对市辖区内居民对周边无障碍设施满意或很满意的占比的分析获得，用以评价城市公共空间多元包容程度。交通运输部等 6 部门联合印发的《关于进一步加强和改善老年人残疾人出行服务的实施意见》要求，到

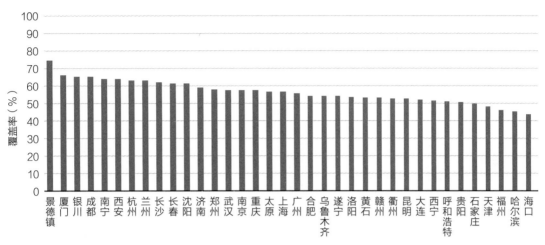

图 3-43　城市常住人口基本公共服务覆盖率

2035 年，公共空间无障碍设施覆盖全面、无缝衔接。数据主要通过居民满意度调查获取。

结合 36 个样本城市 3.45 万个小区开展的城市社区调研，第三方体检结果显示，36 个样本城市市辖区公共空间无障碍设施覆盖率平均为 63.3%。上海、南京、厦门等 6 个城市的无障碍设施覆盖率高于 75%，中小城市普遍较好，赣州、衢州和景德镇均高于 75%；西安、沈阳、长春、石家庄、呼和浩特、海口和乌鲁木齐等 7 个城市低于 50%（图 3-44）。

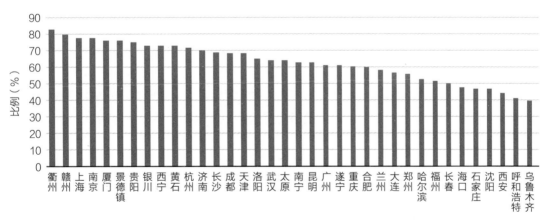

图 3-44　样本城市公共空间无障碍设施满意度

3. 城市居民最低生活保障标准占上年度城市居民人均消费支出比例

城市居民最低生活保障标准占上年度城市居民人均消费支出比例指标主要分析城市最低生活保障标准（月·12）占上年度城市居民人均消费支出的比例，用以评价城市对居民生活的保障能力。数据主要通过智库 2861 社会大数据获取。

第三方城市体检结果显示：24 个样本城市城市居民最低生活保障标准占上年度城市居民人均消费支出比例介于 25%~33% 之间，有 5 个样本城市的该项指标高于 33%，有 7 个样本城市低于 25%（图 3-45）。

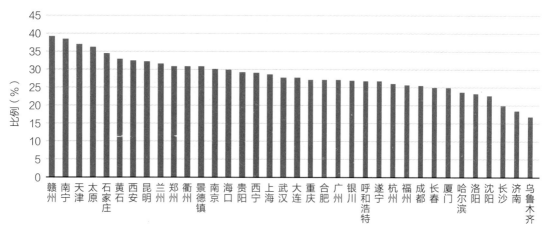

图 3-45　城市居民最低生活保障标准占上年度城市居民人均消费支出比例

4. 房租收入比

第三方城市体检中，房租收入比指标主要分析城市平均每套年租金占城市居民人均可支配收入的比例，用以评价城市居民住房租赁消费水平。其中，超大、特大城市不应大于 30%，大城市不应大于 25%，中小城市不应大于 20%。数据主要由中国城市房地产协会及各城市国民经济和社会发展统计公报获取。

第三方城市体检结果显示，36 个样本城市的房租收入比平均值为 24%。超大、特大城市的房租收入比平均为 27.6%，大城市的房租收入比平均为 24%，中小城市房租收入比平均为 19%。

超大、特大城市中，上海和天津的房租收入比最高，分别为 38% 和 31%，沈阳最低为 19%；大城市中，海口、大连、福州、厦门等 9 个大城市的房租收入比达到或超过 25%，银川、呼和浩特较低，为 17%；中小城市普遍较低，低于或接近 20%（图 3-46）。

5. 房价收入比

第三方城市体检中，房价收入比指标主要分析住房平均总价占城市居民人均可支配收入 * 户均人口（* 按每户 2.8 人计算）的比例，用以评价城市居民住房购买消费水平。数据主要从中国城市房地产协会及各城市国民经济和社会发展统计公报获取。

36 个样本城市房价收入比差异较大。22 个超大、特大城市和 300 万~500 万人大城市

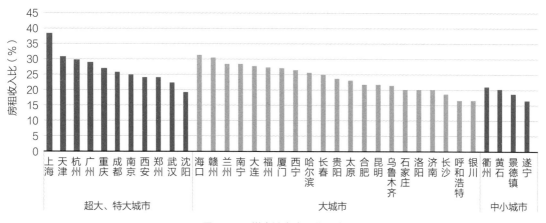

图 3-46　样本城市房租收入比

中，房价收入比城市间差异较大，厦门和上海最高，分别为 32.0 和 29.3；长春、沈阳、长沙、哈尔滨均低于 10。

14 个 300 万人以下的大城市和中小城市中，石家庄、海口房价收入比超过了 15，遂宁、银川、乌鲁木齐、黄石、景德镇均低于 8（图 3-47）。

从城市人口规模看，超大、特大城市房价收入比依旧较高。从地理区域看，东南沿海城市房价收入比依旧处于高位。

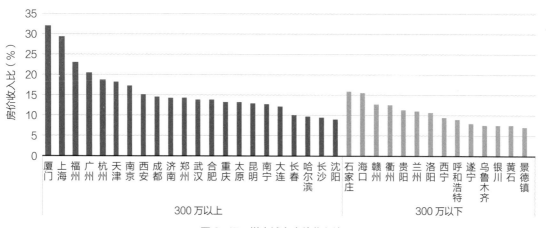

图 3-47　样本城市房价收入比

第八节　创新活力

本章在创新活力方面主要评价了城市创新能力，以及人口、产业活力等情况，包括城市常住人口户籍人口比例、全社会 R&D 支出占 GDP 比重等 5 项指标。

一、创新活力总体评价

第三方城市体检结果显示，城市人口活力加强，创新活力增强，但是全社会 R&D 支出占 GDP 比重、非公经济增长率、万人高新技术企业数等各个指标均显示，样本城市呈现两极分化态势，超大、特大城市良好，大城市较好，中小城市一般。

样本城市新增就业人口中大专及以上文化程度比例的平均值为 56.7%，整体比较均衡。

二、创新活力专项指标分析

1. 城市常住人口户籍人口比例

城市常住人口户籍人口比例指标主要分析城镇常住人口占市辖区户籍人口的比例，用以评价城市人口吸引力。数据主要由智库 2861 社会大数据提供。

第三方城市体检结果显示，36 个样本城市中，超大、特大城市人口活力强，常住人口户籍人口比例整体较高，平均为 123%，上海、广州最高，分别为 168%、157%；21 个大城市城市常住人口户籍人口比例平均为 114%，厦门最高达到 157%，南宁、洛阳等 4 个大城市的常住人口户籍人口比例低于 100%；中小城市均低于 100%（图 3-48）。

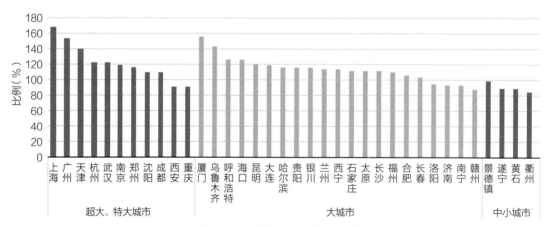

图 3-48　城市常住人口户籍人口比例

2. 新增就业人口中大专及以上文化程度人口比例

新增就业人口中大专及以上文化程度人口比例指标主要分析市辖区城镇新增就业人口中大学（大专及以上）文化程度人口数占市辖区城镇新增就业人口数的比例，用以评价城市新增劳动力素质。数据主要由智库 2861 社会大数据提供。

第三方城市体检结果显示，通过对城市新增就业人口中大专及以上文化程度人口比例指标分析城市新增劳动力素质，整体比较均衡，36 个样本城市的该项指标平均值为 56.7%，其中 31 个城市超过 50%，超大、特大城市的该项指标的平均值为 59.6%，超大、特大城市的该项指标比大城市和中小城市好（图 3-49）。

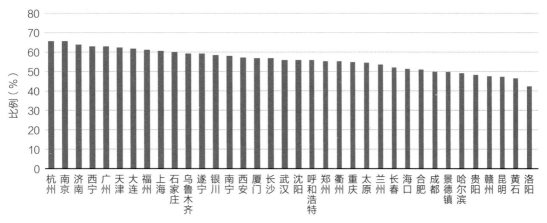

图 3-49 城镇新增就业人口中大学文化程度人口比例

3. 全社会科学研究与试验发展（research and development, R&D）支出占国内生产总值（GDP）的比重

全社会 R&D 支出占 GDP 比重指标主要分析年度内全社会实际用于基础研究、应用研究和试验发展的经费支出占国内生产总值（GDP）的比例，用以评价城市的科技创新情况。《"十三五"国家科技创新规划》要求 R&D 强度达到 2.5%。数据主要由智库 2861 社会大数据获取。

第三方城市体检结果显示，36 个样本城市的全社会 R&D 支出占 GDP 比重的平均值为 2.3%，13 个样本城市超过 2.5%。超大、特大城市该项指标的平均值为 3.1%，大城市的平均值为 2.0%，中小城市的平均值为 1.5%。

11 个超大、特大城市中，西安、上海、广州、成都、杭州等 8 个城市的全社会 R&D 支出占 GDP 比重超过 2.5%；21 个大城市中，厦门、长沙、合肥等 5 个城市超过 2.5%，海口、呼和浩特等城市低于 1.5%；4 个中小城市均低于 2.5%，最低值遂宁仅为 0.7%（图 3-50）。

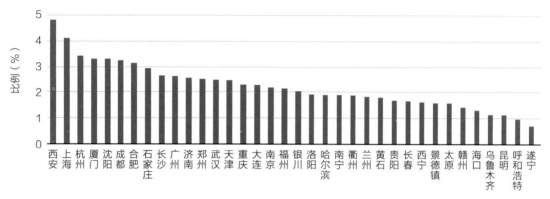

图 3-50　样本城市全社会 R&D 支出占 GDP 比重

4. 非公经济增长率

非公经济增长率指标主要通过分析市辖区非公经济增加值以及民营企业数量变化情况，评价城市产业活力水平。数据主要由智库 2861 社会大数据提供。

第三方城市体检结果显示，36 个样本城市非公经济增长率结合了民营经济增长率和民营企业数量增长率，城市间差异很大。西宁、洛阳、郑州、成都、银川等中西部城市增长趋势明显，重庆、石家庄、景德镇、黄石、哈尔滨等城市增长率低，上海、广州、南京、杭州等东部沿海城市保持稳定；超大、特大城市的非公经济增长率优于大城市，大城市优于中小城市（图 3-51）。

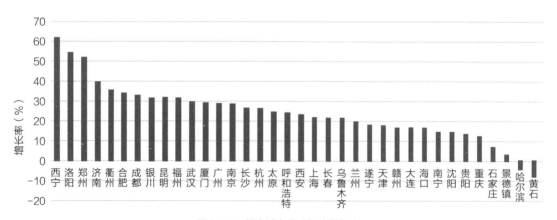

图 3-51　样本城市非公经济增长率

5. 万人中小微企业数量

为对城市产业活跃度做进一步分析，通过对 36 个样本城市注册资金小于 1000 万元的中小微企业进一步分析，样本城市的万人中小微企业数量平均为 342.6 家 / 万人，超大特大城市活跃，中小城市偏低。

超大、特大城市的中小企业万人比的平均值为 414 家 / 万人，上海和广州最高，分别为576.6 和 803.2 家 / 万人；大城市为 342.5 家 / 万人；中小城市整体偏低，平均值为 146.5家 / 万人，黄石、景德镇、洛阳和赣州 4 个城市最低，分别为 117.6、118.1、119.5 和116.1 家 / 万人（图 3-52）。

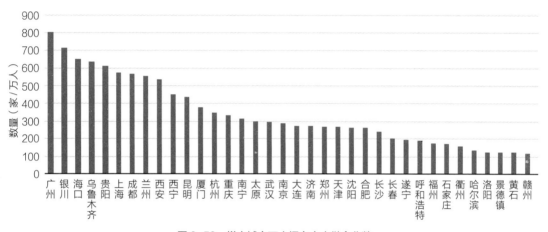

图 3-52 样本城市万人拥有中小微企业数

6. 万人服务业企业数量

第三方城市体检结果显示，36 个样本城市万人服务业企业数平均值为 91.3 家 / 万人，超大、特大城市活跃，中小城市偏低。超大、特大城市的万人服务业企业数平均为 123.0 家 / 万人，上海、广州最高，均超过 200 家 / 万人；大城市的万人服务业企业数平均为 87.1 家 / 万人；中小城市偏低，万人服务业企业数平均为 26.2 家 / 万人（图 3-53）。

7. 万人高新技术企业数

万人高新技术企业数指标主要分析市辖区内高新技术企业数占市辖区常住人口数的比例，用以评价城市高新技术产业发展情况。数据主要由智库 2861 社会大数据提供。

超大、特大城市的万人高新技术企业数显著高于大城市和中小城市。36 个样本城市万人高新技术企业数的平均值为 2.4 个 / 万人，超大、特大城市的平均值为 4.0 个 / 万人，大城市的平均值为 1.80/ 万人，中小城市的平均值为 1.0 个 / 万人。万人高新技术企业数高于 5 个 /

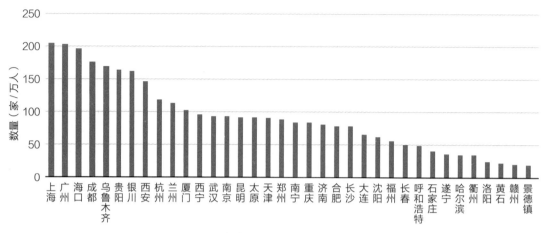

图 3-53　样本城市万人拥有服务业企业数

万人的城市全部为超大、特大城市，分别为广州 8.1、杭州 5.7、南京 5.5 和上海 5.3；大城市中哈尔滨、呼和浩特、银川等 6 个城市的万人高新技术企业数低于 1.0，银川和西宁最低，均为 0.5 个 / 万人；中小城市中的遂宁和景德镇低于 1，分别为 0.2 和 0.9 个 / 万人（图 3-54）。

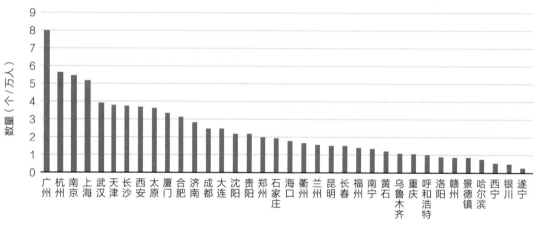

图 3-54　市辖区内万人高新技术企业数

第四章

社会满意度评价结果分析

第一节　人居环境满意度总体评价

一、满意度评价总体情况

本次满意度评价调查中，居民整体基本满意。总体来说，36 个样本城市整体满意度得分在 70.3 到 88.0 之间，平均得分为 80.3 分，表明居民对城市建设基本满意，其中城市特色维度评价最高（81.9 分），此外城市生态宜居环境、城市安全韧性的评价得分也超过 81.0 分，城市交通出行维度的全国平均得分最低（仅 77.3 分）（图 4-1）。

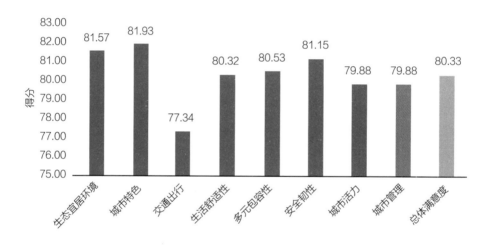

图 4-1　居民社会满意度评价结果

二、各维度总体满意度评价

城市特色维度评价最高，36 个样本城市的居民普遍对城市特色表示满意，其中山水风貌保护、城市景观美感的评价均值超过了 82.0 分，其余指标也超过了 81.0 分（图 4-2）。

居民对生态宜居环境评价良好，满意度水平较高，当前各个城市的生态宜居环境得到了居民的普遍认可。居民对生态宜居环境指标中的公园绿地、亲水空间与城市公共开敞空间等景观建设指标非常满意，对公园绿地的评价超过 84.0 分，污染类指标得分相对较低，其中居民对噪声污染最为不满，而建筑密度是居民最不满意的环境类指标（图 4-3）。

安全韧性基本受到认可，36 个样本城市居民均对社会治安非常满意，均值达到 82.70 分；传统商贸批发市场管理秩序平均得分 78.59 分，评价较低，这可能是受当年武汉、北京等地批发市场新冠肺炎疫情传播的影响（图 4-4）。

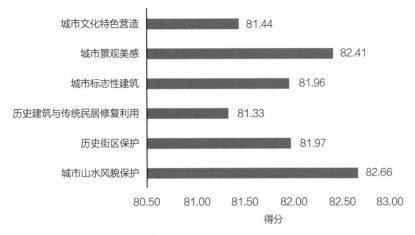

图 4-2　居民城市特色维度满意度评价结果

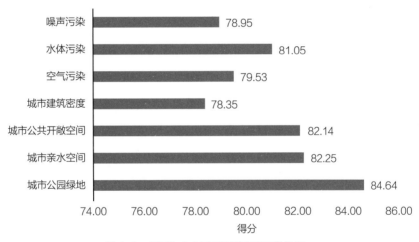

图 4-3　居民生态宜居环境满意度评价结果

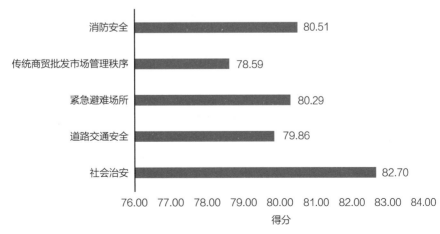

图 4-4　居民安全韧性满意度评价结果

房租与房价影响城市多元包容水平，居民对国际人士、外来人口、弱势群体的友好性三类指标评价较高，超过 82 分；城市无障碍设施、城市社会保险保障水平、城市最低生活保障水平得分相对较低，均为 78 分左右；居民对所在城市房价、房租的可接受程度得分均值分别为 69、73 分，是全部指标中得分较低的分指标之一（图 4-5）。

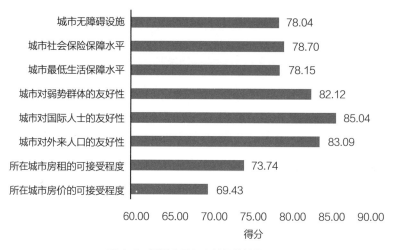

图 4-5　居民多元包容性评价结果

生活舒适性各指标差异很大，大小型购物设施、居民邻里关系评价超过 81 分，老旧小区改造虽然一直在推进，但居民对改造水平评价较低（76.3 分），综合医院、社区养老设施、体育场地、道路及健身器材维护等评价均低于 78 分（图 4-6）。

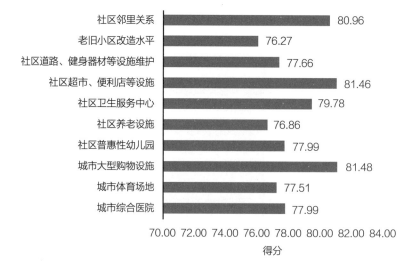

图 4-6　居民生活舒适性满意度评价结果

在城市活力指标中，人才引进政策评价较高。对于大众而言，最关注的城市工作机会反而评价相对较低，为77.4分（图4-7）。

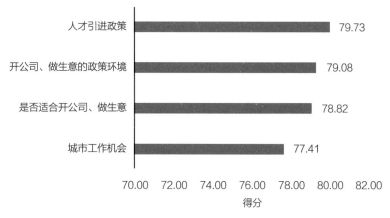

图4-7 居民城市活力满意度评价结果

物业管理是城市管理弱项，城市管理指标中，公共厕所卫生状况、市容环境评价接近80分，小区物业管理评价得分不足75分，此外居民对小区垃圾分类水平的评价也较低，表明垃圾分类工作任重道远（图4-8）。

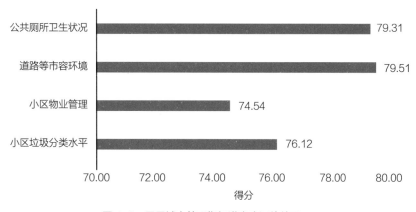

图4-8 居民城市管理指标满意度评价结果

城市出行是最为突出的共性问题，停车难仍是城市通病。小汽车停车评价仅仅68.8分，是50项分指标中最低的一项。道路通畅性、上下班（学）通勤时间得分也较低。交通拥堵已经成为36个城市的共性问题（图4-9）。

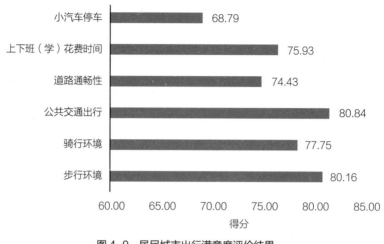

图 4-9　居民城市出行满意度评价结果

第二节　二级指标城市排名分析

一、所有城市的短板和优势

　　由于不同城市人群的背景、属性各异，很难直接将不同城市居民的评价直接进行比较。课题组分别考察了 50 个二级指标在 36 个样本城市内部的排名，利用该排名进一步分析发现，36 个城市满意度的短板和优势具有一致性（图 4-10）。

　　小汽车停车是各城市的通病。小汽车停车问题排名为 49.6 名，标准差最低，在多数城市都是评价最低的指标，其满意度平均得分仅 68.79 分，是 50 项分指标中最低的一项，呼和浩特、乌鲁木齐、西安及沈阳满意度得分最低，皆低于 60 分（图 4-11）；南京及景德镇满意度得分虽然较高，但也仅 80 分左右；此外其他交通问题，例如道路通畅性及通勤时间情况也不容乐观，停车问题及其所引发的其他交通问题是当前各城市科学治理的关键领域。

　　房价及房租是仅次于停车的共性问题。居民对所在城市房价的可接受程度平均排名 49.3 名，与小汽车停车问题一起为城市排名最低的两项指标，平均得分为 69.43 分；而居民对所在城市房租的可接受程度平均排名为倒数第三，平均得分 73.74 分。呼和浩特、西安及乌鲁木齐对于房租及房价可接受程度满意度评价最低，其中呼和浩特和西安地区居民房价可接受程度皆低于 60 分，乌鲁木齐地区居民对于房租可接受程度满意度评价最低；南京和景德镇地区虽然满意度评价较高，但也普遍低于 85 分（图 4-12）。说明房租和房价过高且与当前居民收入水平严重不符问题较为严峻，不同城市关于房租及房价可接受程度评价较低的原因也有所差异，在后续分析及政策完善进程中也要进行针对性解决。

　　此外物业管理、道路通畅性、老旧小区改造水平、通勤时间、垃圾分类水平、养老设施等

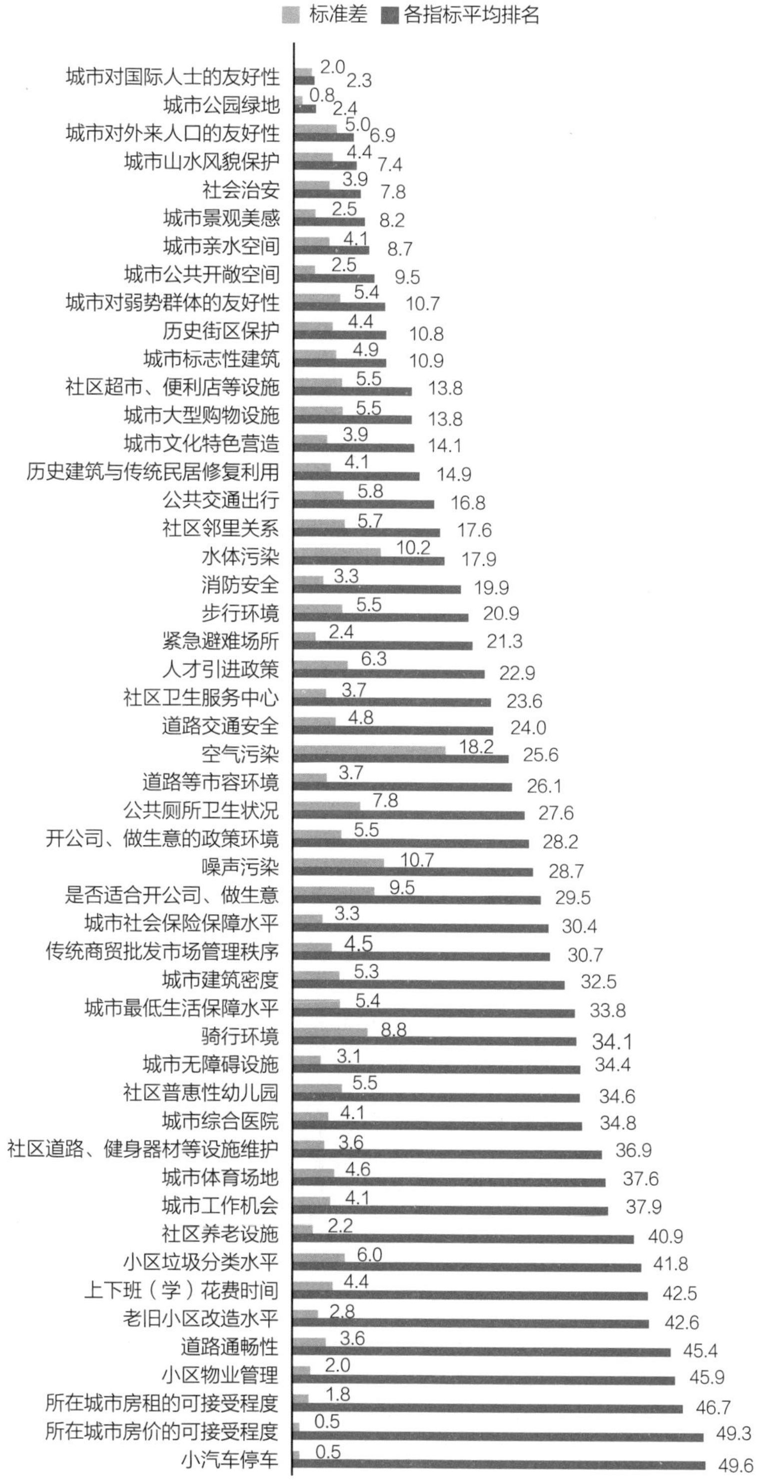

图4-10　二级指标在各城市的平均排名及其标准差

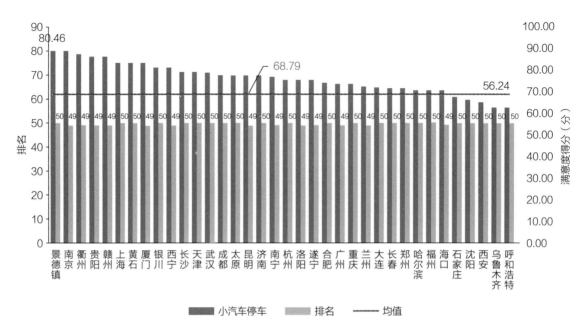

图4-11 小汽车停车36个样本城市满意度评价

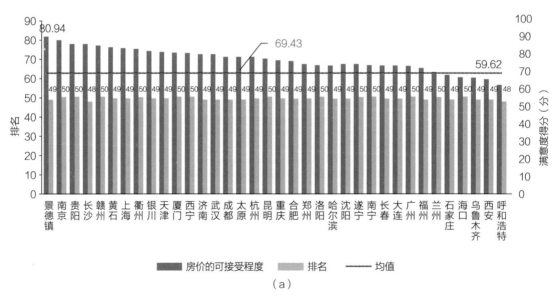

（a）

图4-12 房租及房价可接受性36个城市满意度评价

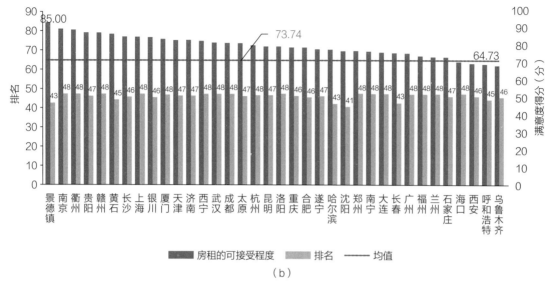

（b）

图4-12　房租及房价可接受性36个城市满意度评价（续）

居住与交通问题在各城市的排名也较为靠后，由此可以发现，居民普遍满意度评价较低的领域更多集中于与日常生活息息相关且难以改善的领域。

对国际人士友好性是各城市满意度评价最高的指标。关于国际人士友好性评价平均排名为2.3名，标准差也相对较小，除厦门、衢州以外，在各城市排名均位列前5（图4-13）。同时，

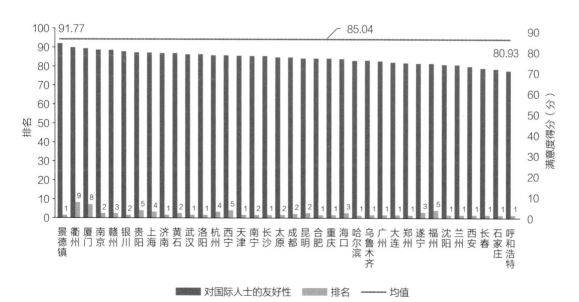

图4-13　城市对国际人士友好性36个样本城市满意度评价及排名

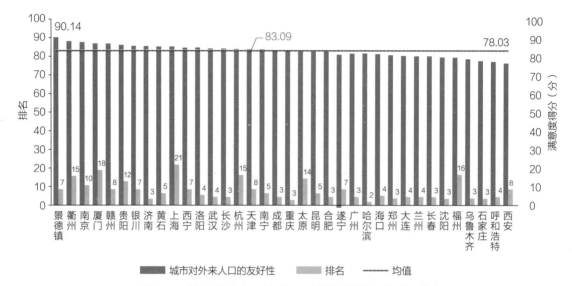

图 4-14　城市对外来人口友好性 36 个样本城市满意度评价及排名

各城市对外来人口的友好性排名也较为靠前，平均排名 6.9 名，对国际人士友好性评价及对外来人口友好性评价的平均得分皆在 83 分以上（图 4-14），说明大部分城市包容性较强，人才吸引程度较为乐观。

城市公园绿地满意度评价较高。各城市对于公园绿地满意度评价比较乐观，平均排名为2.4 名，除在哈尔滨排名第 5 及在乌鲁木齐排名第 22 以外，在其他城市排名均位列前 3。36个样本城市的平均得分超过 84.64 分（图 4-15）。此外，各城市景观美感、亲水空间、开敞

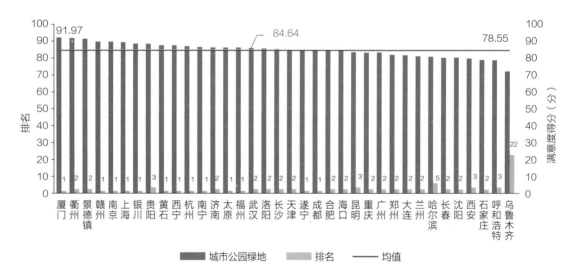

图 4-15　城市公园绿化 36 个样本城市满意度评价及排名

空间等指标排名均较为靠前，说明我国近年来关于生态环境建设相关举措取得较大进展，居民开窗见绿、出门见景的美好愿望正逐步实现。

二、污染类指标差异较大

贵阳、海口、昆明这三个城市中，空气污染问题较轻，居民对此项指标的满意程度在所有指标中排名第1，而天津、石家庄的居民对空气污染满意度排名为第48名（图4-16），且整体得分差异近30分。水体污染指标在衢州、贵阳、西宁、景德镇的排名分别为第1、第2、第3和第3名，在石家庄、沈阳的排名分别为第35和第33名（图4-17），整体得分差异也大于20分。噪声污染指标在西宁、贵阳、衢州的排序为10~11名，而西安、沈阳的排名为44、43名（图4-18），满意度最高及满意度最低城市得分差距较大，整体差异大于20分。根据污染类指标分析不难发现，贵阳、西宁及海口相关污染指标排名较高，景德镇、赣州及厦门满意度得分较高，而石家庄、沈阳及天津等东部地区污染问题普遍较为严重；相关问题也与当地经济发展情况及地理位置差异有关，平衡经济发展与环境污染现状也是相关城市日后需要关注的领域。

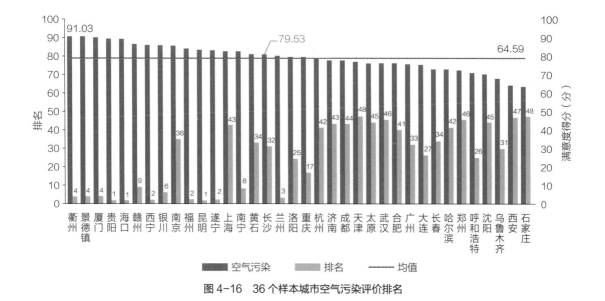

图 4-16 36 个样本城市空气污染评价排名

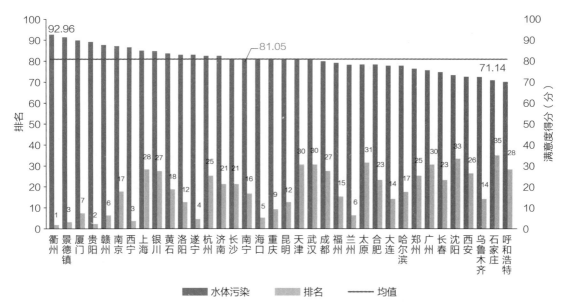

图 4-17　36 个样本城市水体污染评价排名

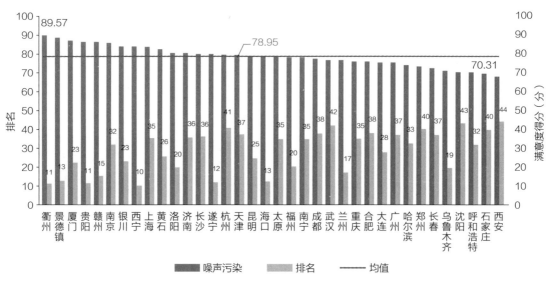

图 4-18　36 个城市噪声污染评价排名

第三节　社会满意度的共性规律分析

一、社会满意度的区域差异

1. 北方城市评价相对较低

根据不同区域总体满意度评价情况可发现（图 4-19），东北 4 个样本城市（大连、沈阳、哈尔滨、长春）总体满意度评价得分最低，均值仅 76.2 分；其次是华北 4 个样本城市（呼和浩特、石家庄、太原、天津），均值为 77.2 分。西北 5 个样本城市（银川、兰州、西安、西宁、呼和浩特）的均分也低于 36 个样本城市的均值，为 77.6 分，其中仅银川和西宁两个人口规模 100 万~300 万的样本城市总体满意度评价得分超过 82 分，而其他样本城市大部分满意度评价得分较低，普遍在 70 分左右。

华东地区城市的评价得分最高，达到了 84.4 分。其中景德镇、衢州两个人口规模低于 100 万的城市总体满意度评价得分超过了 87 分。除去这两个极高值以外，另外 8 个城市的均值也高达 83.6 分。

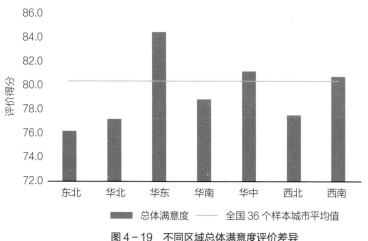

图 4-19　不同区域总体满意度评价差异

根据不同区域各维度满意度评价情况可知（图 4-20），东北、华北、华南及西北地区各维度评价普遍低于 36 个样本城市平均水平，东北、华北及西北地区满意度评价较低维度为生态宜居环境和城市活力维度，华南地区城市交通出行满意度评价较差。

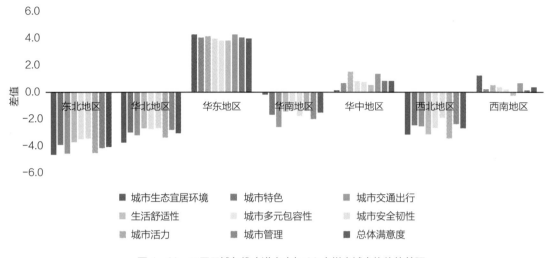

图4-20 不同区域各维度满意度与36个样本城市均值的差距

2. 活力不足是北方城市的突出问题

考察北方城市得分相对较低、与均值差距较大的二级指标发现（表4-1），无论是东北、华北还是西北城市，均有多个与城市活力有关的问题上榜。例如所在城市"是否适合开公司、做生意"，城市"开公司、办企业、做买卖的政策环境"，城市"人才引进政策"及"城市工作机会"等。

此外，东北城市居民更容易对交通环境表示不满，如骑行环境、步行环境、道路通畅性、通勤时间、停车等也与36个样本城市的均值存在较大差距。

华北城市居民则对环境和住房问题更加敏感，对空气污染、水体污染的评价与整体均值差距最大，并且对亲水空间的评价也与其他城市存在较大差距。

北方地区城市与均值差距最大的 10 项分指标

表 4-1

序号	东北地区城市	华北地区城市	西北地区城市
1	骑行环境	空气污染	骑行环境
2	空气污染	水体污染	是否适合开公司、做生意
3	小汽车停车	小区垃圾分类水平	开公司、做生意的政策环境
4	噪声污染	小汽车停车	所在城市房价的可接受程度
5	道路通畅性	噪声污染	城市工作机会
6	是否适合开公司、做生意	所在城市房价的可接受程度	所在城市房租的可接受程度

续表

序号	东北地区城市	华北地区城市	西北地区城市
7	步行环境	小区物业管理	上下班（学）花费时间
8	上下班（学）花费时间	是否适合开公司、做生意	人才引进政策
9	水体污染	社区养老设施	小区物业管理
10	开公司、做生意的政策环境	城市亲水空间	小汽车停车

　　西北城市居民对骑行环境评价也较低，与 36 个样本城市均值的差距较大（但均值高于东北城市），除活力指标以外，对房价、房租问题也相对不满。

　　而华南、西南地区整体情况相对较好（图 4-21），华南地区城市的短板为交通便捷性，维度得分仅 74.7 分，距 36 城市平均水平差异为 2.7 分。而二级指标中房价、房租的评价与 36 个样本城市的均值存在很大差距（表 4-2），得分差异在 4.5 分以上。

　　西南地区城市安全韧性评价得分略低于均值，此外二级指标中大小型购物设施、公共厕所卫生状况指标的得分低于 36 个样本城市均值，但整体满意度情况较好。

　　华中地区整体评价较高，二级指标中仅空气污染的评价得分略低于 36 个样本城市均值。华东地区整体评价最高，各个维度得分均高于其他地区城市。

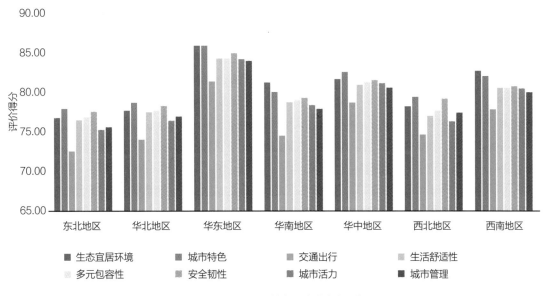

图 4-21　不同区域各维度满意度评价

不同区域城市与均值差距最大的 10 项分指标   表 4-2

序号	西南地区城市	华南地区城市
1	所在城市房价的可接受程度	城市大型购物设施
2	所在城市房租的可接受程度	公共厕所卫生状况
3	城市最低生活保障水平	社会治安
4	道路通畅性	城市对国际人士的友好性
5	上下班（学）花费时间	道路交通安全
6	老旧小区改造水平	历史街区保护
7	城市无障碍设施	历史建筑与传统民居修复利用
8	社区普惠性幼儿园	城市标志性建筑
9	公共厕所卫生状况	社区超市、便利店等设施
10	公共交通出行	城市建筑密度

二、经济水平与社会满意度

根据人均 GDP 对不同城市进行等级划分，分析不同维度总体满意度与人均 GDP 的关系，由图 4-24 可以看出，人均 GDP 与各维度总体满意度呈现"U"形特征，即中间低，两头高的特征。也就是说，生活在人均 GDP 较低（小于 5 万元）和较高（大于 15 万元）的城市居民对各维度总体满意度评价较高，但是生活在中等 GDP 水平（5 万~15 万元）的城市的居民对各维度满意度总体得分都相对较低。

从图中还可以看出，城市生态宜居环境满意度斜率较大，城市交通出行满意度最低。人均 GDP 较低（小于 5 万元）的城市居民对城市生态宜居环境满意度评价最高（84.87 分），中等 GDP 水平（5 万~15 万元）城市的居民对城市交通出行满意度评价最低。

图 4-22 展示的是生态宜居环境维度下各指标与不同等级人均 GDP 城市之间的关系，人均 GDP 较低的城市存在显著的生态环境"后发优势"。在生态宜居环境维度下，人均 GDP 较低水平的城市居民对生态宜居环境维度下各二级指标的满意度普遍较高，中等经济水平（10 万~12 万元）的城市居民对各二级指标满意度都最低；此外，指标方面，各 GDP 水平城市的居民对空气污染指标满意度评价的差异最大，对城市建筑密度满意度评价最低，对城市公园绿地满意度相对较高。

如图 4-23 所示，交通出行维度下，人均 GDP 较低水平和较高水平的城市居民对交通出行维度下各二级指标的满意度普遍较高，中等人均 GDP 水平（10 万~12 万元）的城市居民

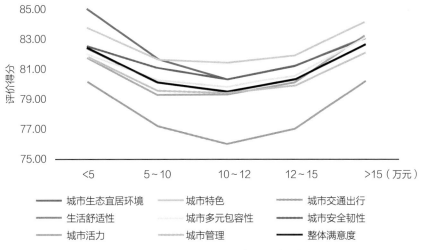

图 4-22　不同等级人均 GDP 下各维度满意度情况

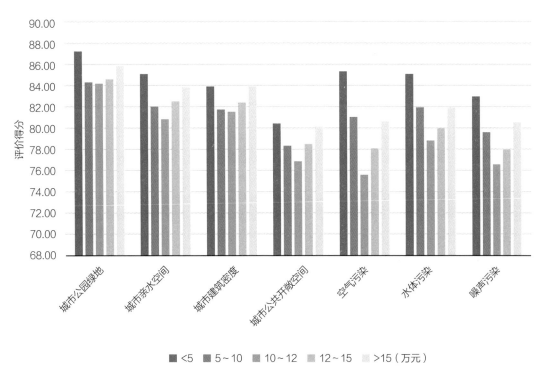

图 4-23　不同等级人均 GDP 下生态宜居环境维度满意度情况

对各二级指标满意度都最低；不同 GDP 水平城市的居民都是对小汽车停车满意度评价最低，
而对步行环境、骑行环境和公共交通出行满意度相对较高。

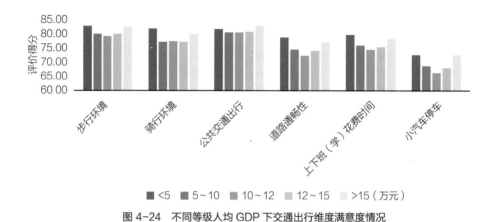

图 4-24　不同等级人均 GDP 下交通出行维度满意度情况

三、人口密度与社会满意度

通过将人均 GDP、城镇化率等经济社会指标设为控制变量后，探究城市人口密度与各维度满意度之间的相关性关系。由表 4-3 可以看出，人口密度与所有维度的满意度之间呈现出显著的负相关性关系，也就是说，城市人口密度越大，城市居民对各维度的满意度会降低；从相关性来看，与安全韧性的相关性最强；从系数绝对值来看，对安全韧性的影响也是最大，生活舒适性和多元包容性次之。

城市人口密度与各维度满意度相关性关系　表 4-3

人口密度	相关性	显著性
生态宜居环境	−0.3370	0.048
城市特色	−0.3594	0.034
交通出行	−0.3667	0.030
生活舒适性	−0.3801	0.024
多元包容性	−0.3972	0.018
安全韧性	−0.4366	0.009
城市活力	−0.3389	0.046
城市管理	−0.3843	0.023
整体满意度	−0.3783	0.025

　　低人口密度的城市居民对生活舒适性、多元包容性和安全韧性的各指标满意度评价最好，而高人口密度的城市居民对三个维度下的各指标满意度评价都最低。三个维度下，人口密度与满意度表现出相似的特征，即居民对该三个维度不同指标满意度评价会随着城市人口密度的增大而降低（图4-25~图4-27）。其中：

　　生活舒适性维度下，受人口密度增减变化的影响，居民对社区邻里关系和城市大型购物设施的满意度评价最高，对老旧小区改造和社区养老设施两项指标的满意度最低。城市应该在城市人口密度增大的同时，更多地关注老旧小区的改造和社区养老设施的建设、维护。

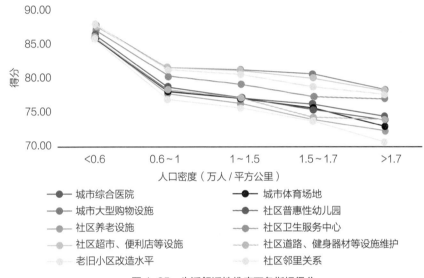

图 4-25　生活舒适性维度下各指标得分

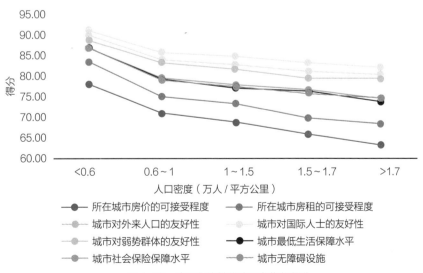

图 4-26　多元包容性维度下各指标得分

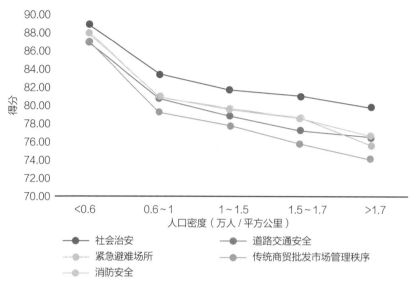

图 4-27　城市韧性安全维度下各指标得分

多元包容性维度下，受城市人口密度的增加变化影响，城市对国际人士的包容性相对较高，受到居民的最高满意度，而城市的房价和房租的可接受程度是居民一致评价较低的两个指标。

城市安全韧性维度下，从斜率可以推断，城市人口密度的增加使得城市居民对各安全性方面的满意度急剧下降，其中对社会治安的满意度评价相对较好，而对传统商贸批发市场管理秩序的满意度评价最差，且斜率较大。本次城市体检在新冠肺炎疫情背景下展开，城市人口密度的增大无疑让居民对传统商贸批发市场管理秩序的关注度增大，且满意度较低。

此外，通过对5个等级的人口密度组各维度总体满意度均值计算，再计算方差（图4-28、图4-29），城市不同人口密度对居民的各维度总体满意度影响有所差异。

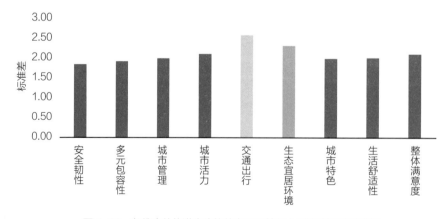

图 4-28　各维度总体满意度均值在不同等级人口密度组的标准差

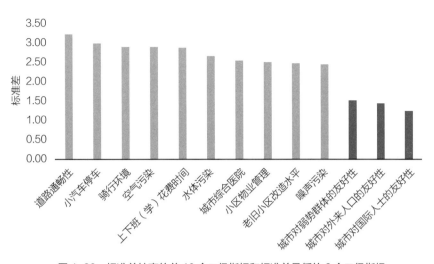

图 4-29　标准差较高的前 10 个二级指标和标准差最低的 3 个二级指标

不同人口密度等级的居民对城市的交通满意度评价差异最大，其次是生态宜居环境，差异较小的维度是安全韧性和多元包容性。

人口密度对城市居民满意度评价影响差异较大的前 10 个二级指标主要来自于城市交通出行、生态宜居环境和生活舒适性 3 个维度，而差异最小的 3 个二级指标来自多元包容性维度。

高（低）人口密度城市居民对指标满意度情况表现出相似性。高（低）人口密度的城市居民对小汽车停车、所在城市房租、房价可接受程度的满意度评价最差。高（低）人口密度的城市居民对城市公园绿地、国际友人包容性、城市亲水空间等指标的满意度评价较好（图 4-30、图 4-31）。

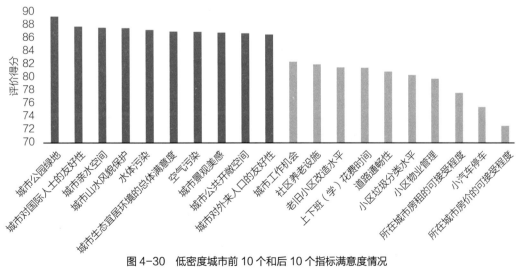

图 4-30　低密度城市前 10 个和后 10 个指标满意度情况

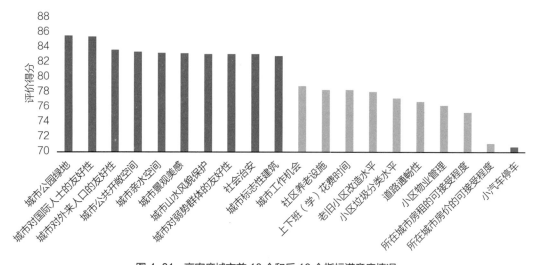

图4-31　高密度城市前10个和后10个指标满意度情况

四、人群差异与社会满意度

1. 中年人群满意度较低

（1）中年人群担忧停车、养老及住房问题

总体来看，"上有老下有小"的中年人群总体满意度较低，尤其是40～49岁人群最不满意，总体满意度得分为77.98分（图4-32）。中年人群既承担抚养小孩又肩负赡养老人的责任，对社会各方面的需求压力大。

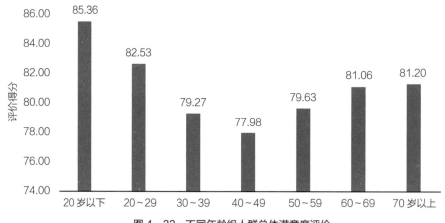

图4-32　不同年龄组人群总体满意度评价

比较不同年龄组与所有人群均值的差异（表4-4），发现40~49岁人群对小汽车停车、社区养老设施、房价房租等问题最为不满。中年人群面临着上班通勤、养老、照顾家庭、孩子的多重压力，对相关指标的满意度评价低。

此外，30~39岁人群对污染、交通评价较低。30~39岁人群对城市的环境状况最关心，他们多为上班族人群，对上下班通勤道路的畅通性、小汽车停车的需求大。

（2）老年人关心养老设施及住房配套

50~59岁人群对养老设施、购物设施、老旧小区改造等最为不满。60~69岁人群、70岁以上人群相对最不满意的指标具有一致性，其满意度低于均值的指标为社区超市、便利店、社区养老设施及大型购物设施三类指标。老年退休人群更关心与自己生活息息相关的养老设施、购物设施。

不同年龄组得分相对较低的指标（与均值差距最大的 10 个指标） 表 4-4

序号	30~39岁	40~49岁	50~59岁	60~69岁	70岁以上
1	空气污染	小汽车停车	社区养老设施	社区超市、便利店等设施	社区养老设施
2	水体污染	社区养老设施	社区超市、便利店等设施	社区养老设施	社区超市、便利店等设施
3	噪声污染	老旧小区改造水平	老旧小区改造水平	大型购物设施	大型购物设施
4	小汽车停车	小区物业管理	紧急避难场所		历史建筑与传统民居修复利用
5	道路通畅性	所在房价的可接受程度	传统商贸批发市场管理秩序		
6	交通出行的总体满意度	所在房租的可接受程度	历史建筑与传统民居修复利用		
7	小区物业管理	社区道路、健身器材等设施维护	标志性建筑		
8	社区普惠性幼儿园	无障碍设施	大型购物设施		
9	生态宜居环境的总体满意度	建筑密度	安全韧性的总体满意度		
10	步行环境	体育场地	消防安全		

2. 收入与满意度的关系在不同城市存在较大差异

在 36 个样本城市各收入组总体满意度排名中，武汉、沈阳、海口等城市表现出随收入增加总体满意度降低趋势。成都、石家庄、西宁等城市表现出随收入增加总体满意度提高趋势。哈尔滨、贵阳等城市表现出 U 形特征，低收入、高收入居民满意度较高，中等收入居民满意度最低。上海、南京、杭州、重庆等城市表现出倒 U 形特征，即低收入、高收入居民满意度较低，中等收入居民满意度较高。因此，从整体样本来看，不同收入间满意度的差异并不显著。

此外，还发现不同收入组评价相对较低的指标各不相同。在不同收入组得分相对较低的指标中，低收入人群对社会治安、低保、社保、公厕卫生状况等评价较低。中等收入人群对房租房价、物业管理、停车问题、垃圾分类、小区设施等较为不满。高收入人群对停车、拥堵、通勤、骑行等交通指标不满。最高收入组人群还对人才引进政策及营商环境等活力指标较为不满。

3. 满意度随着学历增加有降低趋势

总体来看，满意度随着学历增加有降低趋势（图 4-33）。小学及以下学历人群满意度最高，得分为 84.4；研究生及以上学历人群满意度最低，得分为 75.4。

36 个样本城市中研究生及以上学历人群满意度明显较低，仅遂宁、南宁、贵阳、衢州、洛阳等城市例外，高学历群体评价较高可能与当地人才政策有关，重视高学历人才，给予高学历人才优厚待遇。

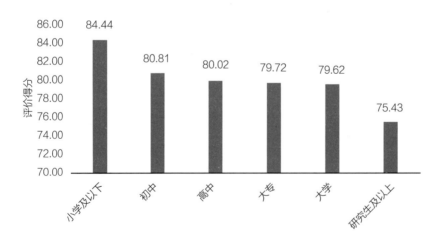

图 4-33　不同学历组人群总体满意度评价

4. 新市民对城市建设的满意度低于其他群体

总体来看，本地居民总体满意度评价最高，为 80.9 分；而新市民（外来人口，拥有本地

户籍）总体满意度评价最低，为
76.8 分（图 4-34）。外籍居民
样本数量少，不具有代表性，在
此不做比较。

　　在新市民总体满意度评价中，
仅南宁新市民评价高，或许与南
宁调查样本中事业单位公务员占
比高有关。

　　新市民关注社区配套，流动
人口关注包容性及房租问题。在
不同户籍组得分相对较低的指标

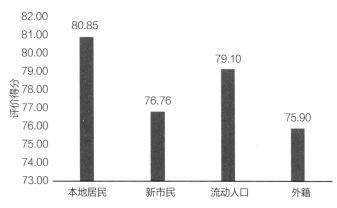

图 4-34　不同户籍组人群总体满意度评价

中（表 4-5），本地居民各项指标的评价得分均高于均值。说明本地居民对所居住城市各项指标均较满意。新市民在小汽车停车、物业管理、养老设施、垃圾分类、普惠性幼儿园等指标方面评价相对较低。说明新市民更关心社区的配套设施水平。流动人口在对外来人口友好性、弱势群体友好性、国际人士友好性及房租等方面评价相对较低。说明流动人口更关心城市的友好包容度以及房租的可接受程度。

不同户籍组得分相对较低的指标

表 4-5

序号	新市民	流动人口	外籍
1	小汽车停车	对外来人口的友好性	对外来人口的友好性
2	小区物业管理	所在房租的可接受程度	无障碍设施
3	社区养老设施	对弱势群体的友好性	对国际人士的友好性
4	小区垃圾分类水平	社会治安	对弱势群体的友好性
5	社区普惠性幼儿园	对国际人士的友好性	骑行环境
6	道路通畅性	噪声污染	景观美感
7	所在房价的可接受程度	最低生活保障水平	大型购物设施
8	老旧小区改造水平	社区超市、便利店等设施	综合医院
9	社区道路、健身器材等设施维护	道路交通安全	步行环境
10	体育场地	公共厕所卫生状况	城市管理的总体满意度

5. 女性满意度显著低于男性

女性总体满意度评价低于男性（图4-35），并且从分指标来看，除了体育场地这一项指标之外，其他指标满意度均低于男性，差距最大的指标为社会治安、空气污染、水体污染、房价、公共厕所卫生状况等（表4-6）。说明男性更关心体育场地设施，女性更关心安全问题、环境卫生状况，女性的满意度显著低于男性。

从维度来看，差异最大的维度为安全韧性。说明相较于男性，女性在城市生活中安全保障低。

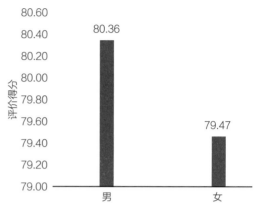

图 4-35 不同性别组人群总体满意度评价

女性与男性得分差距最大的 10 个指标

表 4-6

序号	您的性别	男	女	均值	女性与男性得分差距
1	社会治安	83.68	81.20	82.25	2.48
2	空气污染	79.57	77.13	78.17	2.44
3	水体污染	81.18	78.85	79.85	2.33
4	所在城市房价的可接受程度	70.58	68.34	69.29	2.24
5	公共厕所卫生状况	79.79	77.80	78.65	1.99
6	所在城市房租的可接受程度	74.54	72.58	73.42	1.95
7	小区垃圾分类水平	76.57	74.84	75.57	1.73
8	城市社会保险保障水平	79.03	77.54	78.17	1.50
9	紧急避难场所	80.81	79.33	79.96	1.48
10	安全韧性的总体满意度	83.68	81.20	82.25	2.48

第五章

未来城市体检工作展望

本章研判"十四五"时期我国城市建设面临新形势，提出我国需要积极推动城市建设事业实现更高质量、更有效率、更加公平、更可持续、更为安全的发展。一方面要贯彻城市新发展理念，关注人民群众需求、强化城市全周期管理意识及更加关注城市生态与安全；另一方面要明确城市建设新诉求，关注提升城市创新活力、保障人民基本生活服务、满足人民日益增长的文化需求、提升城市治理水平、改善城市环境质量、提升城市韧性保障城市安全、推进以人为核心的新型城镇化等重点领域。

基于此，本章提出"十四五"时期我国城市体检工作的关注重点：（1）解决城市发展面临的新问题，涉及城市空间结构完善、城市风险防控与安全韧性提升、城市生态修复和功能完善、历史文化保护与城市风貌塑造、居住社区建设与老旧小区改造、新型城市基础设施建设、社会与生活服务保障、创新与文化活力提升八大重点方向；（2）推动到城市治理体系与治理能力现代化工作中去，参与和融入城市多元化、全周期、精细化、智慧化治理工作中去；（3）完善城市体检工作体制和机制，推动城市体检工作常态化、即时化、民主化发展，争取在"十四五"期末实现从建立到完善的跃迁。

第一节　城市体检工作面临的新任务

"十四五"时期是我国全面建成小康社会、实现第一个百年奋斗目标之后，乘势而上开启全面建设社会主义现代化国家新征程、向第二个百年奋斗目标进军的第一个五年。中国共产党第十九届中央委员会第五次全体会议深入分析国际国内形势，通过了《中共中央关于制定国民经济和社会发展第十四个五年规划和二〇三五年远景目标的建议》（以下简称《规划建议》）。

进入新发展阶段，是中华民族伟大复兴历史进程中的大跨越，在我国发展进程中具有里程碑意义。从城市发展看，当前我国常住人口城镇化率已经超过 60%，城市发展由大规模增量建设转为存量提质改造和增量结构调整并重，从"有没有"转向"好不好"，进入城市变革的重要时期。城市建设方面，城市整体性、系统性、生长性、宜居性和包容性不足，城市治理中的风险问题突出，城市人居环境质量不高，一些大城市"城市病"尚未得到有效治理，城市规划、建设、管理统筹不够。

在这样的重大战略机遇期，需要将城市作为"有机生命体"，查找和解决城市建设中的短板弱项，提高城市风险防范能力、决策科学化水平和资源投放的精准度，推动持续治理"城市病"问题，推动城市建设事业由外延粗放式向内涵集约式转变，实现更高质量、更有效率、更加公平、更可持续、更为安全的发展。

一、城市发展新理念

《规划建议》指出，"十四五"时期经济社会发展必须：坚持以人民为中心，始终做到发展为了人民、发展依靠人民、发展成果由人民共享，维护人民根本利益，激发全体人民积极性、主动性、创造性，促进社会公平，增进民生福祉，不断实现人民对美好生活的向往。坚持新发展理念，把新发展理念贯穿发展全过程和各领域，构建新发展格局，切实转变发展方式，推动质量变革、效率变革、动力变革，实现更高质量、更有效率、更加公平、更可持续、更为安全的发展。坚持系统观念，加强前瞻性思考、全局性谋划、战略性布局、整体性推进，发挥中央、地方和各方面积极性，着力固根基、扬优势、补短板、强弱项，注重防范化解重大风险挑战，实现发展质量、结构、规模、速度、效益、安全相统一。

城市是落实新发展理念、推动高质量发展的重要载体和主要战场。"十四五"时期城市发展紧扣贯彻新发展理念，着力推进城市建设、治理的方式转变：其一，要坚持以人民为中心的发展思想，持续开展美好环境与幸福生活共同缔造活动，充分发挥居民群众主体作用，共建共治共享美好家园，不断增强人民群众获得感、幸福感、安全感。其二，要不断增强城乡建设和城市发展的整体性、系统性，把城市作为"有机生命体"，强化全周期管理意识，统筹城市规划建设管理，不断增强城市的整体性、系统性、生长性，提高城市的承载力、宜居性、包容度。其三，要把生态和安全放在更加突出的位置，统筹发展与安全，把人民生命安全和身体健康作为城市发展的基础目标，加快补齐城市建设在防范重大传染病方面的短板，防范化解城市治理中的风险，使城市更健康、更安全、更宜居。

二、城市建设新要求

《规划建议》提出了"十四五"时期我国经济社会发展的主要目标（表5-1）。一是社会文明程度得到新提高，公共文化服务体系和文化产业体系更加健全，人民精神文化生活日益丰富。二是生态文明建设实现新进步，国土空间开发保护格局得到优化，生产生活方式绿色转型成效显著，能源资源配置更加合理、利用效率大幅提高，主要污染物排放总量持续减少，生态环境持续改善，生态安全屏障更加牢固，城乡人居环境明显改善。三是民生福祉达到新水平，实现更加充分更高质量就业，居民收入增长和经济增长基本同步，分配结构明显改善，基本公共服务均等化水平明显提高，全民受教育程度不断提升，多层次社会保障体系更加健全，卫生健康体系更加完善。四是国家治理效能得到新提升，行政体系更加完善，政府作用更好发挥，行政效率和公信力显著提升，社会治理特别是基层治理水平明显提高，防范、化解重大风险体制机制不断健全，突发公共事件应急能力显著增强，自然灾害防御水平明显提升。

在与城市建设、发展相关事宜上，《规划建议》在提升城市创新活力、保障人民基本生活服务、满足人民日益增长的文化需求、改善城市环境质量、提升城市韧性保障城市安全等方面均做了具体要求。特别是在推进以人为核心的新型城镇化方面，《规划建议》明确了"实施城市更新行动，推进城市生态修复、功能完善工程，统筹城市规划、建设、管理""合理确定城市规模、人口密度、空间结构，促进大中小城市和小城镇协调发展。""强化历史文化保护、塑造城市风貌，加强城镇老旧小区改造和社区建设，增强城市防洪排涝能力，建设海绵城市、韧性城市。提高城市治理水平，加强特大城市治理中的风险防控""促进房地产市场平稳健康发展。有效增加保障性住房供给。""扩大保障性租赁住房供给""强化基本公共服务保障"等重点方向，推动城市可持续发展。

《规划建议》中对城市建设、发展事业的相关指导和建议如表 5-1 所示。

《规划建议》中对城市建设、发展事业的相关指导和建议　　表 5-1

条目	内容	关注方向
10. 完善科技创新体制机制	加大研发投入，健全政府投入为主、社会多渠道投入机制，加大对基础前沿研究支持	提升创新活力
13. 加快发展现代服务业	推动生活性服务业向高品质和多样化升级，加快发展健康、养老、育幼、文化、旅游、体育、家政、物业等服务业，加强公益性、基础性服务业供给	保障人民生活服务
15. 加快数字化发展	加强数字社会、数字政府建设，提升公共服务、社会治理等数字化智能化水平	提升城市治理水平、新基建
31. 推进以人为核心的新型城镇化	实施城市更新行动，推进城市生态修复、功能完善工程，统筹城市规划、建设、管理，合理确定城市规模、人口密度、空间结构，促进大中小城市和小城镇协调发展。强化历史文化保护、塑造城市风貌，加强城镇老旧小区改造和社区建设，增强城市防洪排涝能力，建设海绵城市、韧性城市。提高城市治理水平，加强特大城市治理中的风险防控。坚持房子是用来住的、不是用来炒的定位，租购并举、因城施策促进房地产市场平稳健康发展。有效增加保障性住房供给，完善土地出让收入分配机制，探索支持利用集体建设用地按照规划建设租赁住房，完善长租房政策，扩大保障性租赁住房供给……强化基本公共服务保障。优化行政区划设置，发挥中心城市和城市群带动作用，建设现代化都市圈。推进成渝地区双城经济圈建设。推进以县城为重要载体的城镇化建设	城市更新、城市韧性、城市空间协调、文化风貌、提升治理水平、住房保障、强化基本公共服务保障
33. 提升公共文化服务水平	推进城乡公共文化服务体系一体建设，创新实施文化惠民工程，广泛开展群众性文化活动，推动公共文化数字化建设。加强国家重大文化设施和文化项目建设，推进国家版本馆、国家文献储备库、智慧广电等工程。广泛开展全民健身运动，增强人民体质	满足人民日益增长的文化需求

条目	内容	关注方向
35. 加快推动绿色低碳发展	支持绿色技术创新，推进清洁生产，发展环保产业，推进重点行业和重要领域绿色化改造。推动能源清洁低碳安全高效利用。发展绿色建筑。开展绿色生活创建活动，降低碳排放强度	改善城市环境质量，保障城市水安全，推动城市可持续发展
36. 持续改善环境质量	继续开展污染防治行动，建立地上地下、陆海统筹的生态环境治理制度。强化多污染物协同控制和区域协同治理，加强细颗粒物和臭氧协同控制，基本消除重污染天气。治理城乡生活环境，推进城镇污水管网全覆盖，基本消除城市黑臭水体……完善环境保护、节能减排约束性指标管理	
38. 全面提高资源利用效率	实施国家节水行动，建立水资源刚性约束制度……推行垃圾分类和减量化、资源化。加快构建废旧物资循环利用体系	
43. 强化就业优先政策	健全就业公共服务体系、劳动关系协调机制、终身职业技能培训制度……完善促进创业带动就业、多渠道灵活就业的保障制度，支持和规范发展新就业形态，健全就业需求调查和失业监测预警机制	支持和保障就业
44. 建设高质量教育体系	坚持教育公益性原则，深化教育改革，促进教育公平，推动义务教育均衡发展和城乡一体化，完善普惠性学前教育和特殊教育、专门教育保障机制，鼓励高中阶段学校多样化发展	保障基础教育服务
46. 全面推进健康中国建设	把保障人民健康放在优先发展的战略位置，坚持预防为主的方针，深入实施健康中国行动，完善国民健康促进政策，织牢国家公共卫生防护网，为人民提供全方位全周期健康服务……建立稳定的公共卫生事业投入机制，加强人才队伍建设，改善疾控基础条件，完善公共卫生服务项目，强化基层公共卫生体系……完善突发公共卫生事件监测预警处置机制，健全医疗救治、科技支撑、物资保障体系，提高应对突发公共卫生事件能力	保障医疗服务，提升城市韧性
47. 实施积极应对人口老龄化国家战略	积极开发老龄人力资源，发展银发经济。推动养老事业和养老产业协同发展，健全基本养老服务体系，发展普惠型养老服务和互助性养老，支持家庭承担养老功能，培育养老新业态，构建居家社区机构相协调、医养康养相结合的养老服务体系，健全养老服务综合监管制度	建立健全老年人口服务与支持体系

条目	内容	关注方向
48.加强和创新社会治理	完善社会治理体系，健全党组织领导的自治、法治、德治相结合的城乡基层治理体系，完善基层民主协商制度，实现政府治理同社会调节、居民自治良性互动，建设人人有责、人人尽责、人人享有的社会治理共同体……加强和创新市域社会治理，推进市域社会治理现代化	提升城市治理水平

三、城市体检工作关注重点

随着我国城市化进程进入新型城镇化阶段，建设宜居城市、绿色城市、韧性城市、智慧城市、人文城市，不断提升城市人居环境质量、人民生活质量、城市竞争力，已成为中国未来走出一条中国特色城市发展主要道路。

结合《规划建议》及新时期我国城市发展面临的新机遇与挑战，"十四五"时期我国城市体检工作要解决城市发展面临的新问题，构建城市系统、提升城市环境、保障城市服务，重点关注城市空间结构完善、城市风险防控与安全韧性提升、城市生态修复和功能完善、历史文化保护与城市风貌塑造、居住社区建设与老旧小区改造、新型城市基础设施建设、社会与生活服务保障、创新与文化活力提升等八大议题。

1. 完善城市空间结构

城市体检工作重点关注城镇体系的健全，合理确定城市规模、人口密度、空间结构，促进大中小城市和小城镇协调发展。旨在构建以中心城市、都市圈、城市群为主体，大中小城市和小城镇协调发展的城镇格局，促进国土空间均衡开发。通过城市体检，推进区域重大基础设施和公共服务设施共建共享，建立功能完善、衔接紧密的城市群综合立体交通等现代设施网络体系，提高城市群综合承载能力。

2. 健全城市风险防控机制，提升城市安全韧性

城市体检工作重点关注城市风险防控，保障城市安全、提升城市韧性。

城市风险防控机制方面，建议建立城市治理风险清单管理制度，分类制定风险防控方案。完善城市安全运行管理机制，强化城市主体责任，健全部门之间信息互通、资源共享、协调联动的工作体系，形成工作合力。深入实施城市建设安全整治三年行动，健全完善城市应急和综合防灾体系，综合治理城市公共卫生和环境，合理利用城市生存资源，提升城市有效应对自然灾害、安全事故、公共卫生事件等风险能力。

提升城市安全韧性方面，主要关注系统化全域推进海绵城市的建设。统筹区域流域生态环

境治理和城市建设，将山水林田湖草生态保护修复和城市开发建设有机结合，提升自然蓄水排水能力。统筹城市水资源利用和防灾减灾，打造生态、安全、可持续的城市水循环系统。统筹城市防洪和排涝工作，科学规划和改造完善城市河道、堤防、水库、排水系统设施，加快建设和完善城市防洪排涝设施体系。

3. 实施城市生态修复和功能完善工程

城市体检工作坚持以资源环境承载能力为刚性约束条件，以建设美好人居环境为目标，推动城市合理确定规模、人口密度，优化城市布局，控制特大城市中心城区建设密度，促进公共服务设施合理布局。通过城市体检，推动城市建立连续完整的生态基础设施标准和政策体系，完善城市生态系统，保护城市山体自然风貌，修复河湖水系和湿地等水体，加强绿色生态网络建设。补足城市基础设施短板，加强各类生活服务设施建设，增加公共活动空间，推动发展城市新业态，完善和提升城市功能。

4. 强化历史文化保护，塑造城市风貌

城市体检工作关注历史文化保护与传承，旨在保护历史文化名胜名城名镇名村，修复山水城传统格局，保护具有历史文化价值的街区、建筑及其影响地段的传统格局和风貌，推进历史文化遗产活化利用。同时，城市体检工作推动城市加强建筑设计管理，优化城市空间和建筑布局，加强新建高层建筑管控，塑造城市时代特色风貌。

5. 加强居住区建设及城镇老旧小区改造

城市体检工作重点关注居民生活建成环境，涵盖居住社区建设及城镇老旧小区改造两个方面。

居住社区是城市居民生活和城市治理的基本单元，城市体检推动此类地区以安全健康、设施完善、管理有序为目标，把居住社区建设成为满足人民群众日常生活需求的完整单元。督促城市开展完整居住社区设施补短板行动，因地制宜对居住社区市政配套基础设施、公共服务设施等进行改造和建设。推动物业服务企业大力发展线上线下社区服务业，满足居民多样化需求。

城镇老旧小区改造是重大的民生工程和发展工程。城市体检推动城市不断健全统筹协调、居民参与、项目推进、长效管理等机制，建立改造资金政府与居民、社会力量合理共担机制，完善项目审批、技术标准、存量资源整合利用、财税金融土地支持等配套政策，确保改造工作顺利进行。

6. 推进新型城市基础设施建设

城市体检工作重点关注"新城建"等前沿问题，旨在加快推进基于信息化、数字化、智能化的新型城市基础设施建设和改造，全面提升城市建设水平和运行效率。加快推进城市信息模

型（CIM）平台建设，打造智慧城市的基础操作平台。实施智能化市政基础设施建设和改造，提高运行效率和安全性能。推进智慧社区建设，实现社区智能化管理。

7. 强化社会与人民生活服务保障

城市体检工作重点关注社会发展和民生保障相关议题。在新时期，要保障教育、医疗等基本公共服务的供给，同时要关注时代议题，推动基本养老服务体系、就业公共服务体系的建立和健全，提升政府的社会公益性服务的能力。此外，为满足多样化的需求，要推动生活性服务业向高品质和多样化升级，加快发展健康、养老、育幼、文化、旅游、体育、家政、物业等服务业，加强公益性、基础性服务业供给。

8. 着力提升创新与文化活力

为满足人民日益增长的文化需求、提升城市文化软实力，新时期城市体检工作重点关注城市创新与文化活力。创新活力方面，城市要加大研发投入，健全政府投入为主、社会多渠道投入机制，加大对基础前沿研究支持。文化活力方面，要着力推进城乡公共文化服务体系一体建设，创新实施文化惠民工程，广泛开展群众性文化活动，推动公共文化数字化建设。加强国家重大文化设施和文化项目建设，广泛开展全民健身运动，增强人民体质。

第二节　城市体检工作的新要求

城市治理体系与治理能力现代化是新时期我国推动城市发展创新的重要举措。要树立全周期管理意识，加快推动城市治理体系和治理能力现代化……要注重在科学化、精细化、智能化上下功夫，推动城市管理手段、管理模式、管理理念创新，让城市运转更聪明、更智慧。

城市多元化治理方面，党的十九届四中全会审议通过的《中共中央关于坚持和完善中国特色社会主义制度　推进国家治理体系和治理能力现代化若干重大问题的决定》提出，坚持和完善共建共治共享的社会治理制度。完善党委领导、政府负责、民主协商、社会协同、公众参与、法治保障、科技支撑的社会治理体系，建设人人有责、人人尽责、人人享有的社会治理共同体。加快推进市域社会治理现代化。这是对社会治理规律认识的深化与拓展，为实现多元共治、构建共建共治共享的城市治理格局，提升城市治理体系和治理能力现代化水平提供了根本遵循。

城市全周期治理方面，习近平总书记在湖北考察新冠肺炎疫情防控工作时指出，城市是生命体、有机体，要敬畏城市、善待城市，树立"全周期管理"意识，努力探索超大城市现代化治理新路子。

城市精细化治理方面，习近平总书记在中央城市工作会议上强调，做好城市工作，要顺应城市工作新形势、改革发展新要求、人民群众新期待，坚持以人民为中心的发展思想，坚持人民城市为人民。这是我们做好城市工作的出发点和落脚点。政府要创新城市治理方式，特别是要注意加强城市精细化管理。要提高市民文明素质，尊重市民对城市发展决策的知情权、参与权、监督权，鼓励企业和市民通过各种方式参与城市建设、管理，真正实现城市共治共管、共建共享。

　　城市智慧化治理方面，习近平总书记在考察杭州城市大脑运营指挥中心时指出，推进国家治理体系和治理能力现代化，必须抓好城市治理体系和治理能力现代化。运用大数据、云计算、区块链、人工智能等前沿技术推动城市管理手段、管理模式、管理理念创新，从数字化到智能化再到智慧化，让城市更聪明一些、更智慧一些，是推动城市治理体系和治理能力现代化的必由之路，前景广阔。

一、推动多元化治理

　　现代城市由于经济和社会的不断发展导致公共领域内需要组织、指挥、协调、控制的公共事务越来越多，如环境的有效治理、资源的综合利用以及公共危机的快速应对等问题，更多的治理工作需要其他治理主体的合作，公共治理的参与主体趋向多元化。在新的历史条件下，城市治理已经不再局限于政府的正式结构中了，它是一系列的公共和私人行动者互动的结果，需要政府在认可和提高各个治理主体地位的同时，根据其在各个领域的优势给予其充分发挥功能的空间，将城市治理的整体建立在分工合作的机制上。公共政策的制定和执行依赖行动者的共同努力来完成，各个治理主体在互动中找到沟通与合作的平台，实现资源组合的优化，最终达成社会善治。

　　为推动城市多元化治理，"十四五"时期城市体检工作要构建一个多元主体参与的机制，以政府为主导，其他各非政治性主体参与到城市体检的监督、评价、回应工作中来，形成共同缔造、合作共治的体检管理机制。

二、推动全周期治理

　　对于城市治理而言，全周期管理是指城市治理中包含前期规划、中期建设、后期维护等环节的全生命周期管理过程，并实现全民性、全时段、全要素、全流程的城市治理。前期科学规划，做到常规治理与非常规治理两手抓、两手都要硬。全周期管理意识要求城市在常规状态下随时做好应对危机的准备。中期系统推进，提升法制化、多元化治理能力。全周期管理要求坚持"以人民为中心"，有效整合各类资源，实现城市治理的有序发展。后期精细治理，用绣花功夫抓好城市治理。伴随着社会分工越来越细和专业化程度越来越高，城市全周期管理要求实现精细化治理。探索符合城市特点和规律的治理道路，需要把全周期管理意识贯彻到城市治理的各领域各方面各环节，实现全流程管理、全过程联动、全要素整合。

　　"十四五"时期，城市体检工作应立足战略全局和城市发展的阶段性特征，深刻把握城市多维复杂结构中组织要素运行的进展过程以及周期变化，面向城市发展建设运行的全过程，形成动态化的体检评估机制，构建监测、评估、预警、反馈的工作机制，推动城市治理工作全场景、系统化运行。

三、推动精细化治理

城市精细化管理的核心原则是以人民为中心，要为群众提供精细的城市管理和公共服务。以人民为中心、为市民服务是开展城市精细化管理的出发点和落脚点，是为了更精准地解决群众生老病死、衣食住行、安居乐业的问题。城市精细化管理是要让人民群众在城市生活得更方便、更舒心、更美好，检验城市精细化管理水平的最终尺度是人民群众的幸福感和满意度。城市管理精细化是城市管理现代化的必然要求。提高城市管理水平，要在科学化、精细化、智能化上下功夫。城市管理服务平台建设要适应"推动城市治理的重心和配套资源向街道社区下沉，聚焦基层党建、城市管理、社区治理和公共服务等主责主业，整合审批、服务、执法等方面力量，面向区域内群众开展服务"的需求，要对接街道、社区的管理服务。

对于精细化治理的概念，参考学界的部分描述，可以大致理解为：在社会治理项目中通过精准和细化的治理方式，达到相对最优的治理效果，实现社会治理的全面覆盖、全线定岗和全程监管。

为推动城市的精细化治理，"十四五"时期，城市体检工作应紧紧关注人民群众日益增长的物质文化需求，关注城市幸福指数、城市宜居指数、公众满意度等重要指标，推动城市构建面向实际人口的服务管理全覆盖体系，拓宽公众利益保障渠道，使人民群众获得更好的教育、更高水平的医疗卫生和养老服务、更丰富的文化体育服务、更可靠的社会保障。

四、推动智慧化治理

城市管理的精细化水平是衡量城市治理质量和效能的重要标志。新一代信息技术日新月异，为推动城市治理的创新发展提供了重要支撑，使实现城市治理的智慧化成为可能。新一代信息技术颠覆式创新应用，不断打破在时间和空间上的限制，促进城市治理理念、治理内容、治理方式的变革。城市治理能力已成为信息时代衡量城市综合竞争力的重要体现。当今世界，以"互联网＋"为核心的运行体系正在重构社会生产生活方式，不断打破物理世界在时间和空间上的限制，推动人类活动空间从物理世界快速向虚拟空间延伸。相较于传统的城市治理，利用新一代信息技术能充分感知和监测城市基础信息，通过大数据分析对产生的问题进行预警，进而服务城市治理决策需要。

"十四五"时期，城市体检工作要紧扣城市智慧化管理的要求，借助新一代信息技术的发展，以智慧城市的建设为抓手，推进信息获取和管理的智慧化、数据分析的智慧化、体检结果评估反馈的智慧化，使城市体检工作真正成为城市智慧化治理中的一环，提升城市的治理能力。

第三节　城市体检工作机制建设

　　2021 年是我国基本建立城市体检评估制度的元年，在关注城市建设、发展重点领域的同时，城市体检工作也应注重自身体系的完善，将体检工作融入城市治理的工作中，推动城市体检工作常态化、即时化、民主化发展，争取在"十四五"期末实现从建立到完善的跃迁。

一、完善城市体检工作机制和体制

　　建立健全"一年一体检、五年一评估"的城市体检评估机制，推动城市体检评估相关法律的制定，明确"省－市－区"级多层传导的规范化城市体检工作制度；建立全流程全覆盖的信息系统的基础，保障各主体的参与；加强公众参与力度与深度，建立常态化的公众参与；进一步完善评估指标标准和方式方法。加快建设城市体检评估信息平台，加强城市体检数据管理、综合评价和监测预警。为城市体检工作的推进营造良好的政策和制度环境。

　　建立"数据集成＋动态监测＋风险预警＋反馈优化"的全流程工作体系。以体检评估监测数据为基础，在科学开展评价的基础上，正在探索搭建"一张图"规划实施监督系统，将体检评估纳入其中。及时预警规划实施过程中城市发展要素之间互动性、匹配性、协调性出现的问题，挖掘问题背后从城市建设到城市治理的机理，提出解决方案，促进精准施策。

二、创新城市治理方式，建设城市运行管理服务平台

　　城市体检工作重点关注城市治理方式创新，旨在推进城市完善综合管理服务评价体系，加强城市网格化管理，推动城市管理进社区。继续深入推进美好环境与幸福生活共同缔造活动，完善共建、共治、共享的治理体系。同时，建议城市着力构建集感知、分析、服务、指挥、监察为一体的智能化运行管理服务平台，依托平台加强对城市管理工作的统筹协调、指挥监督、综合评价，推进城市治理的"一网统管"。

　　将城市体检的工作嵌入的城市治理工作中，将各项城市问题的治理工作归口到相关部门，并纳入下一年度重点工作计划，推动边检边改、即检即改。对于轻微程度城市问题，由主管部门对该指标保持一定期限内的观察跟踪记录即可。对于中等程度的城市问题，由"市城检办"敦促该指标责任部门拟定行动计划并进行整改。对于严重的城市问题，经城市党委政府研究之后，由"市城检办"会同各行业主管部门，提出治理城市病的有效措施，制定综合解决方案，各主管部门以专项工作方案、近期行动计划等方式落实治理要求。

下篇
样本城市城市体检分析

第六章

华北地区城市

天津

陈月峰 摄影

陈月峰 摄影

陈月峰 摄影

石家庄市住房和城乡建设局供图

石家庄市住房和城乡建设局

石家庄市住房和城乡建设局

太原市住房和城乡建设局供图

太原市住房和城乡建设局供图

太原市住房和城乡建设局供图

呼和浩特市住房和城乡建设局供图

呼和浩特市住房和城乡建设局供图

呼和浩特市住房和城乡建设局供图

第一节 天津

一、城市自体检结果

1. 取得的成效

生态环境方面，空气质量优良天数 219 天，地表水国控断面优良水体（达到或优于 Ⅲ 类）同比增长 10 个百分点，劣 V 类水体占比首次降至 5%，同比减少 20 个百分点，城镇新建建筑中绿色建筑占比提高；交通便捷方面，公交站点 500 米半径覆盖率 100%，公交专用道长度达 194 千米，轨道交通运营里程 232 千米；风貌特色方面，积极构建保护体系，出台地方性法规《天津市历史风貌建筑保护条例》，编制完成 14 个历史文化街区保护规划，公布了 1034 座保护性建筑名录；多元包容方面，城乡最低生活保障标准统一调整为 980 元，城乡低保累计救助 152 万人次；创新活力方面，积极推进"海河英才"行动计划，城镇新增劳动力中大学（大专及以上）文化程度人群比例达到 37%；全社会 R&D 人员为 14.39 万人，万人发明专利拥有量达到 22.1 件；全市民营经济市场主体 122.38 万户，全年新登记民营经济市场主体 26.49 万户，全市国家高新技术企业 6106 家。

2. 存在的主要问题

亟须提升城市绿化水平和环境治理能力，目前公园绿地服务半径覆盖率较低，空气质量改善压力较大，城市绿道密度较低，部分城区污水收集处理不足，公厕保有量及使用便利度有待提高；路网结构和城市通勤均有待优化；城市内涝需持续治理，应对突发事件能力有待提高；历史文化名城保护体系和文旅融合发展仍需优化；高端人才引进、民营经济等方面仍需改善，R&D 经费支出力度仍需加大。

3. 对策措施

深化生态环境治理，打造美丽宜居天津；坚持绿色交通优先，完善道路网络体系；以精细化建设管理为抓手，全方位保障城市安全韧性；健全文旅融合发展体制机制，塑造天津风貌特色；补齐城市活力短板，激励城市创新发展。

二、第三方城市体检结果

1. 主要成效

健康舒适方面，普惠性幼儿园覆盖率 72%，社区养老服务设施覆盖率 75%，社区便民服务设施覆盖率 64%；交通便捷方面，天津市高峰时间平均机动车速度为 24.0 千米 / 小时，建成区路网密度为 9.2 千米 / 平方千米；风貌特色方面，天津市在历史文化街区保存完整率、历史建筑平均密度、国内外游客吸引力方面的指标均处于样本城市上游。

2. 存在的主要问题

基础服务设施的投入不足，城市整洁有序程度亟待提升。天津市生活垃圾回收利用率为 23.0%，污水集中收集处理率为 73.7%，建成区公厕密度为 3.03 座 / 平方千米；天津市万车死亡率、人均避难场所面积、人均城市大型公共设施具备应急改造条件的面积以及二级医院覆盖率等方面的指标均不够理想；天津市常住人口平均单程通勤时间较长，停车位供给不足，绿色交通发展水平较低；天津市常住人口基本公共服务覆盖率、公共空间无障碍设施满意度等指标均居于样本城市中游，人才吸引力有待提升。

3. 意见建议

加大空气污染和水体污染治理力度；加快推进展城市有机更新，提高城市集约化发展水平；持续推进城市生活垃圾回收利用和污水集中处置，提升城市整洁有序管理水平；提升交通运行效率，推动绿色交通发展；通过改善房价租金水平，保证多层次人才在天津的生活质量。

第二节 石家庄

一、城市自体检结果

1. 取得的成效

生态宜居方面，区域开发强度为 13.9%；城市水环境质量优于 V 类比例达到 80%；新建建筑中绿色建筑占比达 77.4%；安全韧性方面，交通安全性较高，万车死亡率稳步下降；市政基础设施安全保障率高，积水内涝点密度和城市每万人年度较大建设事故发生数均为零；城市二级及以上医院覆盖率达 91.8%；社会治安水平较高，特色指标综合警务站覆盖率高达 88.3%；交通便捷方面总体较好，交通拥堵治理成效明显，获得 2019 年度交通健康指数排行榜总排名第 15 名；整洁有序方面，城市各类管网普查建档率为 98.96%，城市污水处理率达 99.66%。多元包容性较好，市政道路无障碍设施覆盖率达 96.73%，公共建筑无障碍覆盖率为 100%。创新活力持续增长，全社会 R&D 投入占 GDP 比重为 2.19%，民营经济增速达 7%。

2．存在的主要问题

大气环境有待改善，绿化分布不均衡；社区公共服务设施建设存在短板，社区养老服务设施和社区等级卫生诊所有待加强；城市防灾避灾设施建设有待加强，中心城区内传统商贸批发市场亟需有序疏解；停车位不足；历史文化资源保护与活化利用不足，城市特色尚需挖掘；生活垃圾分类工作滞后，公厕数量相对不足；公共服务分布不均，设施建设后续的使用和服务需加强；创新活力有待提升。

3．对策措施

加强绿色发展，全力打赢蓝天保卫战；推进完整社区建设，提高公共服务均好性；完善避难场所建设体系，提高城市综合防灾避险能力；加强交通管理，增加停车供给；全面推行生活垃圾分类，打造美丽宜居城市；加强城市设计，凸显城市特色；加大人才引进力度，实现科技兴城。

二、第三方城市体检结果

1．主要成效

整洁有序方面，石家庄市的多个指标都处于样本城市前列，其中城市污水集中处理率处于国内领先。在多元包容方面，除无障碍设施满意度之外，石家庄市其他指标均较好；安全韧性方面，石家庄在城市内涝控制，万车死亡率，二级医院覆盖率，人均城市大型公共设施具备应急改造条件的面积等几个指标方面表现突出；创新活力方面，石家庄在吸引人才，增加 R&D 投入方面取得显著成效。

2．存在的主要问题

生态宜居方面，石家庄市的空气污染问题较突出，处于全国同级别城市的落后水平，城市公园绿地服务半径覆盖率处于样本城市末游；健康舒适方面，石家庄城市服务性基础设施供给不足，普惠性幼儿园、养老服务、便民设施、体育场地等覆盖率均处于低位。城市风貌特色方面，石家庄近现代工业遗产较多，但目前利用率不高；交通便捷方面，石家庄市停车位供应指标未达到国家相应要求，绿色出行水平较低。

3．意见建议

加强生态宜居治理，努力改善城市环境状况，特别是空气污染状况；努力提高城市各类基础服务设施，提高医疗教育、养老托幼等方面的服务水平；从城市空间结构和绿色出行的角度加强规划和系统优化，构建高效的静态交通系统，提升城市总体交通运行效率，推动绿色交通发展；结合城市有机更新，努力塑造城市特有风貌特色，充分活化工业遗产，建设有归属感的城市。

第三节 太原

一、城市自体检结果

1. 取得的成效

健康舒适方面整体较好，太原市社区便民服务设施实现全覆盖，便利店发展指数位于全国城市前列，社区养老服务设施覆盖率94.3%，医疗卫生机构千人床位数远高于全国平均水平，人均体育场地面积达到文明城市目标要求；安全韧性方面，交通安全水平不断提升，社会治安良好，万车死亡率评价结果处于国家畅通工程评价标准一等区间；城市每万人年度较大建设事故发生数为0；交通便捷方面，扎实推进公交都市创建各项工作，城市路网密度7.82千米/平方千米，新建公共停车位3万多个，城市绿色出行比例超过70%；风貌特色方面，工业遗产、历史文化街区和风貌保护成效显著，旅游吸引力不断增强。2019年接待海内外游客比上年增长18.8%，全年旅游总收入增长17.7%；整洁有序方面，市容环境和综合管理水平不断加强，城市生活污水集中收集率达到86.7%；多元包容方面，最低生活保障水平省内领先。

2. 存在的主要问题

生态环境治理和宜居城市建设存在短板；城市品质有待提升，历史风貌特色不足；城市道路建设需继续提升，公共交通服务有待加强；城市公共安全和韧性城市建设仍需加强；城市整体活力有待提升。

3. 对策措施

加强城市生态建设，改善人居环境，建设幸福宜居城市；打造高品质城市空间，传承和再塑特色历史文化风貌；坚持绿色交通优先，提高城市交通系统承载能力和运行效率；推进城市建设精细化管理，全面保障城市安全韧性发展；优化提升城市营商环境，创新城市建设和提升城市活力。

二、第三方城市体检结果

1. 主要成效

城市活力方面，太原市高新企业数量较多，名列样本城市前列，但就业人口中大专以上学历的人员比例不高；交通便捷方面，太原市高峰时间平均车速和平均通行时间相对较短，但城市绿色出行体系水平较差，路网系统严重不足，城市交通事故率较高。

2．存在的主要问题

生态宜居方面，太原市的空气污染和水体污染问题相对突出，落后于全国同级别城市；太原市城市人口密度高，城市公园绿地服务半径覆盖率处于样本城市下游；健康舒适方面，太原市服务性基础设施供给不足，特别是普惠性幼儿园和养老服务设施供应均处于低位。城市风貌方面，太原市历史文化街区保存完整率仅有 0.6%，国内外游客吸引力指标位于样本城市下游；交通便捷方面，城市道路网密度低，结构不合理，停车问题较为突出，绿色出行水平较低，交通事故率高；多元包容方面，城市基本公共服务覆盖的常住人口比例偏低。

3．意见建议

加强生态宜居治理，努力改善城市环境状况，特别是空气污染和水体污染状况；努力提高城市各类基础服务设施覆盖率，提升医疗教育，养老托幼等方面的服务水平，保证城市宜居宜业；从城市空间结构和绿色出行的角度加强规划和系统优化，改善路网结构，增加道路网密度，构建高效的静态交通系统，提升城市总体的交通运行效率，推动绿色交通发展；结合城市有机更新，努力塑造城市特有风貌特色，充分活化工业遗产，建设有归属感的城市；进一步推进多元包容，改善城市服务水平，吸引人才进入太原。

第四节　呼和浩特

一、城市自体检结果

1．取得的成效

生态宜居方面，空气质量优良天数 292 天，城市水环境质量优于 V 类比例达到 100%，生态建设领先北方地区，新建绿色建筑占比达到 68.2%，位于样本城市上游水平；健康舒适方面，全市 92.8% 的社区具有养老服务设施，普惠性幼儿园覆盖率达到 84.3%，建成区高层高密度住宅用地仅占 7.3%，全市人均体育场地面积达到 2.23 平方米，每万人足球场达到 2.9 个；整洁有序方面，城市污水集中收集率达到 90.1%，垃圾回收利用率为 20.8%，冬季供暖清洁能源替代率与北京周边的"2+26"城市相当，建成区公厕建设密度达到每平方千米 9 座；多元包容方面，基本公共服务和社会保障覆盖范围逐年扩大，房租和房价与收入的比例在全国省会城市中相对较低；创新活力方面，新增就业人口中大专及以上学历占比超过北京和上海，达到 55.35%，高新技术企业数量占内蒙古自治区的 27%。

2. 存在的主要问题

次干路、支路道路网密度过低，城市交通微循环系统不完善，主干道交通压力大；公共服务设施级配不合理；市政管网普遍存在老化、建档不足等问题；消费需求不振，民营经济和研究试验产业发展不充分，营商环境亟待优化和改善；具备应急改造条件的城市大型公共设施不足，基层医疗卫生机构分担率不高；城市更新任重而道远。

3. 对策措施

要多措并举，多管齐下，对城市交通系统进行综合整治；针对两级公共服务体系采取差异化的修补策略；科学规划，统筹建设城市地下管线综合管廊；加强配套服务，优化营商环境；成立应急指挥中心，补充应急避难场所及应急预案，加强基层医疗机构建设；进一步摸清既有城镇老旧小区底数，提升老旧小区改造标准，探索呼和浩特市城市更新模式。

二、第三方城市体检结果

1. 主要成效

生态宜居方面，呼和浩特城市生态环境质量整体较好，在北方地区处于上游水平，其中，城市蓝绿空间占比达 70.8%，城市水环境质量优于 V 类比例为 84.8%，位居样本城市上游；安全韧性方面，呼和浩特城市道路交通安全较好，市辖区每年因道路交通事故死亡的人数占市辖区机动车保有量为 0.85 人/万车。市辖区人均避难场所面积为 5.6 平方米，在样本城市中位列前三；风貌特色方面，城市历史建筑平均密度位居北方城市上游；多元包容方面，房租收入比为 17%，房价收入比为 8.8，对比相关标准要求，均处于较合理区间。

2. 存在的主要问题

城市交通系统性不足，路网密度及绿色出行占比较低；完整居住社区建设有待加强，社区级设施配套存在不足；三是城市地下空间关注不足，城市各类管网普查建档率较低；四是城市产业活力亟待提升，民营经济发展需提振。

3. 意见建议

完善城市交通系统，积极倡导绿色出行；补齐社区建设短板，加强完整居住社区建设；关注城市地下空间，推进城市精细化治理；提高城市营商环境，激发城市创新活力。

第七章

东北地区城市

崔然 摄影

崔然 摄影

崔然 摄影

吉林
长春

长春市城乡建设委员会供图

长春市城乡建设委员会供图

长春市城乡建设委员会供图

辽宁
沈阳

沈阳市规划设计研究院有限公司管祖北供图

沈阳市城乡建设局李雪松供图

沈阳市城乡建设局李雪松供图

沈阳市城乡建设局李雪松供图

大连市住房和城乡建设局供图

大连市住房和城乡建设局供图

大连市住房和城乡建设局供图

大连市住房和城乡建设局供图

大连市住房和城乡建设局供图

第一节　哈尔滨

一、城市自体检结果

1. 取得的成效

生态环境水平不断提升。空气质量优良天数 304 天，空气质量改善显著。黑臭水体治理成效显著，水环境优于 V 类的水体比例达到 83%。市区用地开发强度有序提高，建成区的建筑开发强度得到有效控制，新区用地毛容积率控制在 1.5 左右。绿道长度超过 2020 年规划目标，新建建筑占绿色建筑比例达到 62.1%；社区基础设施和公共设施功能不断完善。城市防灾能力全面提高。城市万车死亡率逐年下降，2019 年达到 2.35 人 / 万车，医疗废物处理设施的处理能力高于医疗废物产生量；城市交通条件有所改善。建成区高峰时间平均机动车速度 21.49 千米，城市道路网密度为 8.21 千米 / 平方千米，常住人口平均单程通勤时间为 35 分钟，停车泊位总量占小汽车数量的 40%，公交出行分担率为 56.2%；城市历史文化风貌得到有效保护和利用，城市历史文化街区保存完整率为 5.6%，工业遗产利用率为 100%，历史建筑平均密度为 0.28 座 / 平方千米，国内游客年均增长率接近 10%；城市管理水平不断提高，城市生活污水基本达到全部集中收集，公厕设置密度达到 4.97 座 / 平方千米，实现建成区均衡覆盖；各类管网普查建档率 100%，智慧管网水平在国内领先；生活垃圾回收利用率为 40%，实施专业化物业管理的小区占比为 94%。常住人口与户籍人口的比例为 126%，城市对人口的吸引力不断提高。18~60 岁人口中大学文化人口比例为 48.9%，高文化水平人口保持较高比例。

2. 存在的主要问题

人口空间分布还有待进一步优化平衡；城市绿地系统建设需要持续发力；城市交通体系需要通过优化结构提升效率；公共服务设施布局存在服务盲区；基层服务设施的服务质量与精细化管理需要提升；城市创新发展缺乏动力。

3. 对策措施

优化城市开发模式，改善人居环境，提高城市承载能力；以问题为导向，以项目为驱动，完善城市功能，以本次体检发现的问题区域和功能短板为抓手，借鉴广州"微改造"的治理模式，从大处着眼、从细节落地，制定项目清单，统筹推进；提高精细化管理、治理水平，保障城市安全韧性；完善科创基础环境，提升城市经济活力。

二、第三方城市体检结果

1. 取得的主要成效

生态宜居方面，哈尔滨城市水环境质量优于 V 类比例为 81.4%，位于样本城市上游。哈尔滨建成区公园绿地服务半径覆盖率为 83.4%，位于样本城市上游；区域开发强度和蓝绿空间占比均处在适宜区间范围内。安全韧性方面，城市较为安全，哈尔滨二级及以上医院覆盖率为 76.5%；城市传统商贸批发市场聚集程度为 30.4%，两项指标在样本城市中均位于上游。交通便捷方面，哈尔滨公共交通出行分担率较高，为 56.9%，在样本城市中排名第七；建成区道路网密度指标 7.72 千米 / 平方千米，处于各样本城市上游；风貌特色方面，哈尔滨工业遗产利用率为 68.9%，在样本城市中排名第一，表现优秀；城市历史文化街区保存完整率为 2.16%，位居样本城市第二。整洁有序方面，社区和设施管理水平较高，城市各类管网普查建档率为 100%；哈尔滨城市生活垃圾回收利用率达 38%，在样本城市中排名第四，处于较高水平；实施物业管理的住宅小区占比为 74.3%，位于样本城市上游；多元包容方面，居住成本较低，哈尔滨房价收入比为 9.64，在样本城市中处于较低水平；房租收入比也处于样本城市中游。

2. 存在的主要问题

普惠性幼儿园覆盖率和社区养老服务设施覆盖率偏低，人均体育场地面积较小，停车位与小汽车拥有量比例低；建成区建筑密度较高；非公经济增长率低，建成区内平均每万人拥有高新技术企业数少，新增就业人口教育水平有待提升；城市基本公共服务覆盖率低，城市居民最低生活保障水平低，公共空间无障碍设施满意度较低；建设事故发生数量和交通事故率较高。

3. 意见建议

提升老旧小区社区公共服务设施覆盖率，重点补齐普惠性幼儿园、社区养老设施、停车设施、无障碍设施等明显短板，为城市居民提供舒适便捷的生活环境；注重吸引优秀人才，提升城市经济活力，促进经济转型发展；优化城市结构和交通体系，促进城市均衡发展，提高城市安全性。

第二节 长春

一、城市自体检结果

1. 取得的成效

健康舒适方面，中心城区推进社区便民服务设施建设，基本公共服务均等化水平不断提高，高密度医院占比达到 84.6%，社区便民服务设施覆盖率、社区养老服务设施覆盖率达到 100%；安全韧性方面，城市安全韧性整体情况良好，城市万车死亡率 1.36 人 / 万车；城市建成区积水内涝点密度为 0.012 个 / 平方千米；交通便捷方面，中心城区建成区道路网密度达到 5.5 千米 / 平方千米；建成区高峰时间平均机动车速度达到 31.4 千米 / 小时；城市常住人口平均单程通勤时间为 24 分钟；风貌特色方面，城市历史文化街区保存完整率达到 25.3%；历史建筑的挂牌、修缮与活化利用不断得到加强；加强城市风貌管控及城市雕塑文化；游客吸引力不断加强，黄金周期间城市国内外游客量达到 1224 万人；整洁有序方面，市容环境乱象整治成效显著；城市生活垃圾回收利用率为 25%；中心城区生活污水集中收集率达到 94.4%；多元包容方面，城市居民最低生活保障标准占上年度城市居民人均消费支出比例为 28.78%，处于较高水平；技术合同成交额增长 25%；专利申请量增长 10.1%；8.1 万名高校毕业生留长春创业就业。

2. 存在的主要问题

城市交通运行效率有待提升；公共服务和基础设施建设尚需完善；老旧小区改造压力与困难并存；现代化监督管理和精准化治理能力尚未形成；生态环境改善成效不稳固，污染防治攻坚尚有薄弱环节。

3. 对策措施

突出规划龙头作用，构建现代化都市圈空间格局；统筹推进城市基础设施建设，提升城市综合承载能力；加强城市治理能力建设，提升城市环境质量；实施城建惠民工程，全力提升群众幸福感；深化城建领域改革，激发城市发展活力；强化安全生产，全力保障城建工程建设。

二、第三方城市体检结果

1. 取得的主要成效

生态宜居方面，综合表现良好，城市蓝绿空间占比为 59.8%，建成区公园绿地服务半径覆盖率为 73.9%，位居样本城市中上游；健康舒适方面，长春市建成区老旧小区个数占比为 34.8%，比例相对较低。建成区高层高密度居住区用地面积占比为 16.9%，在样本城市正常区间内；安全韧性方面，长春市建成区积水内涝点密度为 0.012 个 / 平方千米，人均避难场所面积 4.79 平方米，位于样本城市排名前列；交通便捷方面，总体情况良好，长春市建成区道路网密度指标 6.44 千米 / 平方千米，常住人口平均单程通勤时间较长；风貌特色方面，城市历史文化街区保存完整率指标体检结果较好，位居样本城市上游。

2. 存在的主要问题

水环境质量差，绿道密度偏低；普惠性幼儿园、社区养老服务设施覆盖率偏低，社区卫生服务中心门诊分担率较低，人均体育场地面积较小，高密度医院比例偏高；城市万车死亡率高，人均大型公共设施应急改造面积较小；平均机动车速度较慢，停车设施比例低；工业遗产利用率低；公厕密度偏低，管网普查建档率较低；公共空间无障碍设施满意度偏低，最低生活保障水平偏低；外来人口比例偏低，R&D 支出占比较低。

3. 意见建议

提升老旧小区社区公共服务设施覆盖率，重点补齐普惠性幼儿园、社区养老设施、体育设施、社区卫生服务中心、停车设施、公共厕所、无障碍设施等明显短板；加强城市水环境治理和城市绿道建设，加强对城市交通安全事故的管控，提高城市管网普查建档率；加强科技研发投入，加强对低收入群体的保障水平，增加城市包容性。

第三节　沈阳

一、城市自体检结果

1. 取得的成效

生态宜居方面，空气质量优良天数达到 284 天，人均公园绿地面积达 12.81 平方米 / 人；健康舒适方面，幼儿园软硬环境建设日趋完善；"15 分钟健身圈"基本形成，经常参加体育锻炼人数比例达 52% 以上；安全韧性方面，排水干线已经基本形成，内涝积水点数量也逐年缩减，人均避难场所面积为 2.48 平方米，二级及以上医院覆盖率为 93.49%，万车死亡率为 1.75 人 / 万车，低于全国平均水平；交通便捷方面，对外交通便利，对内交通快速路网系统较完善；风貌特色方面，沈阳市历史悠久，资源丰富，多元文化特征明显；整洁有序方面，沈阳市城市生活污水集中收集率为 82.77%，新建 3 座生活垃圾焚烧发电项目投入运营；多元包容方面，住房、医疗、社保覆盖率逐年改善向好，城市低收入人群总体生活条件逐渐改善。

2. 存在的主要问题

城市功能有待完善；城市治理存在短板；城市发展活力不足；公共服务有待提升。

3. 对策措施

进一步提升生态环境质量；提高基础设施承载力；加强历史文化挖掘，加快发展文化产业；加强基层治理；积极提高城市活力。

二、第三方城市体检结果

1. 取得的主要成效

建成区道路网密度为 8.04 千米 / 平方千米，位于样本城市上游；风貌特色方面，沈阳市工业遗产利用率为 56.5%，城市历史建筑平均密度为 0.54 个 / 平方千米，建成区节假日城市国内外游客量为 3855.1 万人（是常住人口的 5.15 倍），三项指标在样本城市中均位于样本城市上游；整洁有序方面，沈阳市生活垃圾回收利用率为 44%，在样本城市中排名第二；多元包容方面，沈阳市城市基本公共服务已覆盖的常住人口比例为 61.5%，位于样本城市上游；房租收入比为 19.5%、房价收入比为 8.55，在样本城市中均处于上游水平；创新活力方面，沈阳市全社会 R&D 支出占 GDP 比重为 3.3%，在样本城市中名列第五。

2. 存在的主要问题

水环境质量较差，建成区绿道密度偏低；普惠性幼儿园、社区养老服务设施覆盖率偏低，社区卫生服务中心门诊分担率较低，人均体育场地面积较小；建成区积水内涝点密度较高，交通事故率和建设事故数量偏高；停车设施比例低，公共交通分担率偏低；管网普查建档率和实施专业化物业管理的住宅小区比例较低；最低生活保障水平偏低，公共空间无障碍设施满意度较低；非公经济增长率较低。

3. 意见建议

提高老旧小区社区公共服务设施覆盖率，补齐普惠性幼儿园、社区养老设施、社区卫生服务中心、社区体育设施、停车设施、无障碍设施等明显短板；提升城市经济活力，促进非公经济发展；加强对低收入群体的保障水平，加强对建设事故和安全事故的管控，提升城市安全韧性。

第四节　大连

一、城市自体检结果

1. 取得的成效

生态宜居方面，空气质量优良，水质环境良好，公园覆盖率高，城市绿道建设成效显著，蓝绿空间占比较为适宜，绿色节能建筑推广较快；健康舒适方面，社区便民服务设施覆盖面高，普惠性幼儿园覆盖率较高，人均体育场地面积较大，城市更新工作推进较好，高密度住宅比例得到有效控制；安全韧性方面，城市交通总体安全，城市避难场所建设成效显著，医疗废弃物得到充分处理；交通便捷方面，交通可达性不断提高，绿色出行理念深入人心；整洁有序方面，城市路面干净整洁，多次荣获"文明城市"称号，城市生活污水得到有效收集处理，物业服务专业化程度不断提升；多元包容方面，城市社保、医保、教育实现全覆盖，公共空间无障碍程度得到有效提升，房租相对合理；创新活力方面，新增就业人群素质整体较高，创新研发方面投入位于样本城市前列，高新技术企业较多。

2. 存在的主要问题

大连市根据存在问题的难易程度以及可操作性，分为低等难度、中等难度和高等难度三类。低等难度问题与挑战包括垃圾回收利用率较低，城市二级及以上医院未覆盖全部建设用地。中等难度问题与挑战包括城市内涝治理有待加强，建成区高峰时间平均机动车速度较低，道路网密度有待提高。高等难度问题与挑战包括区域开发强度较高，房价收入比略高。

3. 对策措施

构建全流程分类的垃圾收运处理体系，推动垃圾分类智能化；重视医疗设施规划；逐步更新老旧排水系统，推进海绵城市建设；加强公交专用道建设，采取预约通行的交通策略，优化交通信号指引和交通组织；优化路网较为完善区域内的路网结构，补齐路网薄弱建设欠账；合理划定城市发展边界，防止城镇空间继续无止境蔓延，高度重视空间结构调整；坚持限购政策，控制房价上涨，完善住房保障配套政策。

二、第三方城市体检结果

1. 取得的主要成效

生态宜居方面，大连市建成区公园绿地服务半径覆盖率为 87.8%，在样本城市位居第三，全市全年空气质量优良天数和水环境质量情况良好；健康舒适方面，大连市人均体育场面积为3.6 平方米，在样本城市中位居第四；安全韧性方面，大连市人均避难场所面积 6.29 平方米，在样本城市中位居第一；交通便捷方面，大连市公共交通出行分担率为 59.2%，在样本城市中位居第四，建成区道路网密度指标 6.29 千米 / 平方千米，处于样本城市上游；风貌特色方面，大连市工业遗产利用率为 60.8%，在样本城市中位居第六；整洁有序方面，大连市建成区实施物业管理的住宅小区占比达到 78.92%，在样本城市中排名第六；创新活力方面，大连就业人口大学（大专及以上）文化程度人口占比为 62.4%，位于样本城市前列。

2. 存在的主要问题

普惠性幼儿园覆盖率和社区便民服务设施覆盖率较低；建成区高峰时间平均机动车速较慢，居住区停车泊位与小汽车拥有量的比例较低；城市基本公共服务覆盖率较低，公共空间无障碍设施满意度较低；外来人口比例较低，非公经济增长率较低，房租收入比偏高。

3. 意见建议

充分发挥区位优势，探索产业升级转型的可行路径，提升城市经济活力；在保护生态环境和历史文化遗存的基础上，提升城市基本公共服务覆盖率和可支付住房供给等服务功能，提升城市对多元化人才的吸引力；提升老旧小区社区公共服务水平，重点补齐普惠性幼儿园、社区便民服务设施、停车设施、无障碍设施等短板。

第八章

华东地区城市

济南市住房和城乡建设局供图

济南市住房和城乡建设局供图

济南市住房和城乡建设局供图

宋赟 摄影

宋赟 摄影

宋赟 摄影

合肥市城乡建设局供图

杭州日报供图

杭州市规划设计研究院供图

杭州市规划设计研究院供图

杭州日报供图

许军 摄影

许军 摄影

许军 摄影

福州市城乡建设局供图

福州市城乡建设局供图

福州市城乡建设局供图

福州市城乡建设局供图

福建
厦门

厦门市建设局供图

厦门市建设局供图

厦门市建设局供图

赣州市住房和城乡建设局供图

赣州市住房和城乡建设局供图

赣州市住房和城乡建设局供图

景德镇市住房和城乡建设局供图

景德镇市住房和城乡建设局供图

景德镇市住房和城乡建设局供图

第一节 上海

一、城市自体检结果

1. 取得的成效

人居环境品质提升；积极探索风貌保护管理和城市有机更新；积极探索"一网统管"；着力强化城市运行安全；积极提升城市运行服务效率效能；积极提升市容景观品质；积极推进环境综合治理。

2. 存在的主要问题

对标国际，人居环境改善以及城市治理方法仍有提升空间；基层统筹优化能力不足，社区级公共设施指标运行好，但是人民满意度低；对日益增长的民生需求仍缺乏快速响应机制和解决手段；部门协同合作，提升城市运行效率仍有不足；用于扩展新格局新需求的系统性布局仍显不足。

3. 对策措施

提升新城等级和品质，进一步优化城市布局，对标国际持续提升生态环境建设、治理与活化利用的能力；整合条线资源，以人为本建立主题性社区生活支持体系，提升老旧小区改造针对性与科学性；精心规划顶层设计，逐步补齐短板，提高城市综合应急避险能力；聚焦绿色出行提升便利与安全性，逐步增强交通管理智能化水平；持续拓展历史风貌保护范围，扩大优质文化产品和服务供给；着力突破管理堵点，系统提升城市专项运行服务效率与效能；逐步做深做实基本公共服务，系统推进无障碍设施建设；围绕城市创新发展拟订更精准的公共政策，持续优化社会创新环境。

二、第三方城市体检结果

1. 主要成效

生态网络格局完整，城市品位突出，上海市辖区建成区公园绿地的空间布局较为均衡，人居环境的绿色品质建设居于前列；重视历史文化保护与活化，城市文化认同感较高，对外来游客的吸引能力优越；基础设施建设和高等级公共服务建设较为完善，上海市二级及以上医院建设较为完善，在参与体检的超大城市中处于领先地位；城市经济、创新和人口增长呈现良好态势，上海市全社会 R&D 支出指标和高新技术企业指标优异；常住人口和户籍人口比例较高，对于外来人口吸引能力较为突出，在高素质人才吸引方面也表现良好。

2. 存在的主要问题

市辖区建成区城市开发强度较高，城市资源环境承载能力有待提升；完整居住社区建设存在短板；交通便捷度和绿色出行指标亟待优化，城市卫生安全尚存隐患。

3. 意见建议

重视区域空间疏解，加强环境治理，建设生态宜居上海；坚持绿色交通优先，缓解交通拥堵状况；完善基本公共服务体系，解决住房问题。

第二节　济南

一、城市自体检结果

1. 取得的成效

健康舒适方面，民生服务设施覆盖广，居民幸福感指数逐年攀升；安全韧性方面，城市交通安全状况优秀，应对公共卫生突发事件能力良好；交通便捷方面，高峰机动车速度良好，城市交通拥堵逐渐改善；风貌特色方面，历史文化保护成效显著，泉城风貌不断彰显；整洁有序方面，城市环境整洁优美、和谐有序；多元包容方面，基本公共服务覆盖率较高，居民最低生活保障合理稳定；创新活力方面，人才政策向好，新旧动能转换成效显著。

2. 存在的主要问题

生态环境方面，"空气质量、蓝绿空间占比、低碳建筑"等存在不足，城市人居环境有待优化。交通出行方面，高峰时期主要道路交通拥堵，公共交通供给不足，非机动车交通和停车问题有待改善。民生保障方面，养老服务设施覆盖率较低，社区医疗水平有待提升，人均体育场地不足，服务能力不均衡。基础设施方面，供水能力和污水处理能力有待进一步提高，老旧管网需有序更新，排水防涝系统不够完善且标准偏低，气源、热源、电力等能源存在季节性不足，供给能力滞后于城市发展。安全韧性方面，公共卫生体系有改进空间，避难场所建设相对滞后，批发市场分布存在隐患。

3. 对策措施

实施生态宜居策略，"保卫蓝天、显山露水，绿色建筑"构筑三维生态屏障；实施交通出行策略，重构交通体系，倡导绿色交通出行，改善静态交通设施布局，加强智慧停车建设；实施民生保障策略，统筹民生配套建设，构筑 15 分钟生活圈；实施基础设施策略，完善市政基础设施体系，构筑城市安全格局；健康韧性方面，完善公共卫生体系、提高城市免疫力。

二、第三方城市体检结果

1. 主要成效

风貌特色方面，济南市在工业遗产利用率、城市历史建筑平均密度、国外游客吸引率等指标均居于样本城市前列，在北方同类型省会城市中处于领先地位；创新活力方面，济南市多项指标居于样本城市前列，在引进人才，增加 R&D 投入，推动非公经济增长和高新企业发展方面取得了长足进步。生态宜居方面，济南市在城市绿道建设，公园绿地供应以及绿色建筑推动方面也取得了较好的成绩。

2. 存在的主要问题

生态宜居方面，济南市人口密度偏低，常住人口有流失的趋势，但城市开发量较大，存在无序蔓延、城市发展不集约不紧凑的问题，空气质量达标率、水体断面污染水平都处于样本城市末游；整洁有序方面，济南市生活垃圾回收利用率，污水集中收集处理率都偏低。在健康舒适方面，济南的各种基础设施和公共服务设施供应都排在样本城市中下游水平，托儿、养老、医疗、教育、道路网、便民设施、社会保障体系等短板明显；交通便捷方面，济南城市道路网密度和停车泊位供应的指标没有达到国家相应要求，绿色出行水平较低。

3. 意见建议

加强生态宜居治理，改善空气污染和水体污染状况；提升城市基础服务设施覆盖率，提高城市的健康舒适和整洁有序水平，通过城市有机更新和填充，改变开发拉动式发展，转向品质内生型发展，进一步吸引人才，增加城市综合竞争力；从城市空间结构和绿色出行的角度加强规划和系统优化，构建高效的静态交通系统，提升城市总体的交通运行效率，推动绿色交通发展。

第三节　南京

一、城市自体检结果

1．取得的成效

生态保护建设持续加力，城乡人居环境日益改善；交通设施加快完善，公共交通服务能力逐步提升；城市治理加快提升，改革试点工作成果显著；城市生命线系统逐步完善，建设健康安全的韧性城市；名城古韵不断彰显，城市吸引力不断提升；安居适居乐居工程建设不断推进，多元包容的宜居城市逐步实现。

2．存在的主要问题

区域发展不平衡问题仍然突出，人口空间分布有待优化；生态资源利用效率较低，资源空间系统性不足；公益性设施供给不足，基层服务设施服务质量有待提升；职住不平衡现象突出，交通拥堵与停车难依然未解决；城市治理能力仍有待提升，安全韧性需加强；宜居乐业环境仍需改善，公共服务保障与群众需求矛盾依然存在。

3．对策措施

推动重点板块建设，促进区域资源均衡布局；筑牢生态环境保护屏障，打造绿色低碳公园城市；推进安居、适居、乐居工程建设，打造多元包容的宜居城市；构筑城市生命线系统，打造健康安全的韧性城市；倡导绿色交通方式，持续提升交通出行能力；加快推进公共服务建设，增强群众获得感；以改善营商环境为要点，不断提升城市经济活力。

二、第三方城市体检结果

1．主要成效

城市开发强度适宜，生态空间格局优良，人口密度和土地利用强度等指标较为适宜；城市道路网络体系建设和居住区停车泊位配置较为完善，公共交通出行分担率位于特大城市上游水平；城市避难场所建设也较为完善；城市兼具活力与包容，建成区内高新技术企业指标较为优越，对于外来人口吸引能力突出；居民最低生活保障标准指标也居中上游水平。

2．主要存在问题和短板

城市历史文脉保护不足，城市风貌特色塑造有待加强；城市完整居住社区建设存在短板；

城市安全韧性建设仍有不足。

3. 意见建议

加强城市生态文明建设，提升城市品质与魅力；完善市政与公共服务建设，优化城市宜居条件；激发城市创新活力。

第四节　合肥

一、城市自体检结果

1. 取得的成效

生态宜居方面，开发强度整体适宜，生态环境不断优化，城市蓝绿空间占比合理，园林绿化品质不断提升，水环境质量改善明显，新建建筑中绿色建筑占比不断上升；健康舒适方面，社区服务设施不断健全，居住环境更加舒适，全市建成区内高层高密度住宅用地占比较低；安全韧性方面，交通安全状况良好，城市万车死亡率逐年降低，城市内涝治理工作取得成绩，医疗废物处理能力连年保持达标；交通便捷方面，交通拥堵得以缓解，基础设施建设不断完善，建成区内主次干道路网骨架基本形成，停车场管理逐步完善，停车综合管理平台基本建设完成；风貌特色方面，文化魅力不断彰显，游客吸引力逐步提高；整洁有序方面，环境卫生更加整洁，精细化管理水平不断提高，城市生活垃圾分类工作初见成效，城市生活污水集中收集效能显著提高，城市"厕所革命"取得显著成效；多元包容方面，低收入人群保障水平较高，房租房价与城市定位相匹配；创新活力方面，创新环境不断优化，民营经济和数字经济蓬勃发展，城市吸引力不断提高，常住人口和就业人口稳步增长。

2. 存在的主要问题

空间形态有待优化，空气、水环境质量有待加强；社区级服务设施布局有待优化，体育场地建设不足；应急避难场地相对匮乏，城市安全隐患仍然存在；城市道路网密度有待提高，停车位缺口仍然较大；文化资源活化利用率较低，旅游发展在长三角中相对较弱；生活垃圾回收利用水平有待提升，老旧小区物业管理覆盖面不足；医保和住房保障水平有待提升，婴幼儿照护服务机构严重匮乏；创新环境有待优化，与"创新高地"的定位仍有差距。

3. 对策措施

强化空间形态管控，优化绿色生态环境；推进"15分钟社区生活圈"建设，完善体育设施打造"健康合肥"；夯实城市安全基础，加强韧性城市建设；提高城市道路网密度，缓解城市停车压力；创新文化资源利用模式，建设长三角重要休闲旅游目的地；深化生活垃圾分类处理，提高物业管理覆盖面；全面提升医保和住房保障水平，加快婴幼儿照护服务机构建设；全力提升城市创新气质，聚力打造具有国际影响力的创新高地。

二、第三方城市体检结果

1. 主要成效

创新活力方面，整体情况良好，合肥市非公经济增长率为 34.3%，建成区内平均每万人有 3.1 个高新技术企业，位于样本城市上游水平。在全社会 R&D 支出占 GDP 比重为 3.1%，城市常住人口和户籍人口比例为 106.7%，均位于样本城市上游。

2. 存在的主要问题

空气和水环境质量欠佳，区域开发强度为 39.7%，在样本城市中偏高；合肥市人均体育空间比较欠缺，公共空间的无障碍设施及普惠性幼儿园覆盖也不足；合肥市的公共交通在各种交通出行方式中的占比不尽理想，公共交通出行分担率为 38%。

3. 意见建议

推动蓝天绿水建设，打造生态宜居合肥；完整社区建设，提升城市健康度和友好性；安全示范城市建设，提升城市韧性；加大轨道交通建设，通过以公共交通为导向的开发（transit-oriented development，TOD）发展模式打造网络城市。

第五节 杭州

一、城市自体检结果

1. 取得的成效

社区基础服务覆盖广，设施品质整体向好；城市安全运行状况良好，应对能力较强；交通设施建设持续推进，便捷度有所改善；历史文化保护利用卓有成效，对游客吸引力较强；对外来人口有一定包容度，公共服务基本覆盖；创新研发基础好、投入大，创新经济活跃；数字经济高速增长，应用信息化智能化手段治理城市的能力持续提升。

2. 存在的主要问题

空气质量与发展目标仍存在差距，绿地与公园空间均衡性低；公共服务设施供给不足，开敞空间布局有待优化，生活舒适度不高；公共安全存在风险，应对能力仍待提升；主城内停车设施不足，且老城区停车难呈常态化；路网空间不均衡，结构有待完善；交通拥堵形势较严峻；无障碍环境局部建设滞后、总体合格率低；创新能力与定位有差距，文化氛围尚待培育。

3. 对策措施

多措并举改善空气质量，加大公园建设力度；依据人口特征精细化配置公共服务设施；前瞻性布局，强化基础设施和防灾系统，提高应急处置能力；以轨道为抓手完善公共交通体系，提升交通便捷性；构建无障碍设施的定期排查、更新、改造制度；加大人才引进和创新投入，营造创新创意氛围。

二、第三方城市体检结果

1. 主要成效

城市开发强度相对适宜，基础设施建设较为完善，人口密度和土地利用强度等指标较为适宜，高层高密度居住区用地和老旧小区用地面积指标也处于可控区间；基础设施网络建设较为均衡与系统；水环境质量达到较高水平，蓝绿空间占比较高，生态资源环境条件优越；国内外游客吸引力较高；城市创新和人口活力指标较为优异，杭州市全社会 R&D 支出和高新技术企业指标较高；对外来人口、高素质人才吸引力较强。

2. 存在的主要问题

生态格局有待提升，城市生态建设不足；优化公共服务设施配置，城市安全尚存隐患；绿色出行指标有待优化，住房问题亟待解决。

3. 意见建议

依托生态人文资源，打造高品质城市空间；完善公共服务体系，增强人才吸引力；坚持绿色交通优先，提升城市交通品质。

第六节　衢州

一、城市自体检结果

1. 取得的成效

生态宜居方面，城市空气环境质量、水环境质量较好，公园绿地服务半径覆盖率较高；健康舒适方面，社区便民服务、养老服务设施实现所有运行社区全覆盖，普惠性幼儿园覆盖率较高，人均社区体育场地面积充足；安全韧性方面，医疗废物处理仍有较大余力；风貌特色方面，国内外游客吸引力较强；多元包容方面，最低生活保障水平较高，房租成本较低；创新活力方面，万人高新技术企业数较高。特色指标方面，新增就业人口比例较高，营商环境较好。

2. 存在的主要问题

生态宜居方面，城市人口密度较低；健康舒适方面，社区卫生服务中心门诊分担率严重不足；安全韧性方面，人均避难场所面积不足；风貌特色方面，历史文化街区保存完整率较低，历史建筑均未挂牌；整洁有序方面，城市生活垃圾回收利用率较低，实施专业化物业管理小区占比较低；多元包容方面，居民对城市房价和房租较为不满；创新活力方面，城市活力不足，城市常住人口户籍人口比例相对较低，全社会 R&D 支出较低。特色指标方面，城市夜间活力较弱，省级及以上文旅推介活动占比低。

3. 对策措施

生态宜居方面，市辖区建成区城市人口密度提高到 1.05 万人 / 平方千米；健康舒适方面，市辖区建成区社区卫生服务中心门诊分担率不低于 24%；安全韧性方面，市辖区建成区人均避难场所面积达到 2 平方米 / 人；风貌特色方面，市辖区建成区历史文化街区保存完整率不低于 14%；整洁有序方面，市辖区建成区城市生活垃圾回收利用率达到 35%；多元包容方面，房价收入比下降 8.5%；创新活力方面，衢州市全社会 R&D 支出不低于 2.15%。特色指标方面，市辖区省级及以上文旅推介活动占比不低于 10%，市辖区万人治安率不高于 75 件 / 万人，市辖区建成区夜间活力系数达到 0.7。

二、第三方城市体检结果

1. 主要成效

衢州市区域开发强度较适宜，城市发展后备潜力充足；空气和水环境质量达到较高水平，蓝绿空间占比较高，公园绿地服务半径覆盖率也较高，空间布局均衡性较强，人居环境品质较高；高密度医院、积水内涝点、城市传统商贸批发市场聚集等指标良好；交通便捷条件较为优越；城市经济、创新活力相对较好。与同等规模样本城市相比，衢州市非公经济增长率、高新技术企业指标均处于首位，国内外游客吸引力指数也居于首位，但与大城市指标还存在一定差距。

2. 存在的主要问题

公共服务设施建设亟待完善，住房保障亟待加强；公共交通便捷度需提升，城市安全仍存隐患；城市人口活力有待提升。

3. 意见建议

坚持绿色交通优先，完善城市基础网络；开展城市有机更新，提升城市宜居水平；合理控制城市住房价格，以提升对外人才吸引能力。

第七节 福州

一、城市自体检结果

1. 取得的成效

生态环境优良，空气质量优良天数 360 天，建成区绿地率达 42.1%，城市绿地公园服务半径覆盖率达 93.8%，在样本城市中处于领先水平。生活舒适度逐步提高，普惠性幼儿园覆盖率达到 85.4%，人均体育场地面积 1.68 平方米，相比上年度增加 13.6%，二级及以上医院覆盖率 93.1%。城市安全韧性有所提升，城市内涝风险显著下降，人均避难场所面积 1.12 平方米，高于目标值 1 平方米 / 人。风貌特色日益彰显，全部历史文化街区核心保护范围内的文物保护单位、历史建筑、传统风貌建筑的总用地面积与建筑总用地面积比例达 80% 以上。市级以上文物保护单位开放比例达 51.22%；旅游吸引力增强，较 2018 年，主要节假日接待游客量增长 27.33%，全市旅游收入增长 23.94%。城市管理稳步推进，生活污水集中收集率达到 50% 以上，公厕密度达到 5.81 座 / 平方千米。城市包容性逐步提升，社会保障中养老、工伤、失业参保率正向发展，房租收入比呈下降趋势。科技创新发展势头迅猛，全社会 R&D 投入为 180.7 亿，占全省 28.1%；2019 年净增国家级高新技术企业 380 家；共 24 项科技成果被授予省科学技术奖，获奖总数和一等奖数量均创历年来新高，位居福建省各地市首位。

2．存在的主要问题

城市开发强度较高；社区建设存在短板；公共卫生事件防控水平需提高；交通设施建设和管理不足；城市知名度和影响力有待提高；生活垃圾分类工作需加大力度并长期坚持；民生问题需持续关注；城市创新发展活力仍需加强。

3．对策措施

生态宜居方面，着力疏解老城、建设新城，优化人口空间布局、促进人口与资源相适应，巩固水系治理成效；健康舒适方面，持续打造宜居社区，提升养老体系建设水平，完善全民健身公共服务体系；安全韧性方面，做好防灾减灾工作，完善医疗卫生体系；交通便捷方面，完善城市功能空间布局，补齐设施短板，提升管理效能；风貌特色方面，加强城市设计管控，提升活力彰显魅力；整洁有序方面，加强环卫设施建设、提高生活垃圾处理能力；深化物业管理、扎实开展物业专项整治；多元包容方面，完善社会保障体系，构建多主体供给、多渠道保障和租购并举住房制度；创新活力方面，加大科研创新投入、推动产业转型发展。

二、第三方城市体检结果

1．取得的主要成效

福州市整体的自然生态环境质量高，其中空气质量优良天数和蓝绿空间占比位于样本城市首位，全年空气质量优良天数为359天，在样本城市中名列前茅；健康舒适方面，公共服务设施覆盖率较高。福州市完整社区覆盖率处于样本城市中上游水平；安全韧性方面，城市总体安全，城市万车死亡率为0.33人/万车，在样本城市中相对较低；风貌特色方面，福州市整体对国内外旅客的吸引力较高，旅游产业发达，城市历史文化街区保存完整率为10.6%。

2．存在的主要问题

房租房价较高；交通便捷程度仍有提升空间，城市道路网密度和城市常住人口平均单程通勤时间虽处于中等水平，但是高峰时间平均机动车速度较低；城市人口密度大、城市开发强度大，在安全风险管理方面存在短板。

3．意见建议

优化城市布局，通过TOD发展模式提高整体交通便捷性；以满足住房刚需为出发点，打造幸福之州；结合城市更新行动，积极推动完整社区建设。

第八节 厦门

一、城市自体检结果

1. 取得的成效

生态宜居方面，与其他样本城市相比，在空气质量优良天数、公园绿地服务半径覆盖率、城市绿道密度、新建建筑中绿色建筑占比等指标较为突出；风貌特色方面，城市历史文化街区保护完整性程度高，城市历史建筑资源丰富、密度高，国内外吸引力逐年提升，国际化花园城市特征已经显现；整洁有序方面，城市基础设施建设较为完善，市政设施综合管理和服务水平较高，生活垃圾回收利用率与生活污水集中处理率高，公厕建设密度较高，市政管网普查建档率高。

2. 存在的主要问题

岛内外基础设施配套服务尚存差距；本岛人口压力凸显，建设强度集中且不均匀；中心城区集聚度过高，应对突发事件的能力有待提升；现有交通条件仍未能满足城市化快速发展需要；房价水平偏高，远高于居民收入水平。

3. 对策措施

生态优先，建设高颜值生态花园之城，加强市政设施建设，提升城市市容环境和综合管理水平；以人为本，打造现代化宜居幸福之城，增加多种住房供给方式，完善多层次的住房供应体系，增强岛外路网密度，完善停车供应体系，提升交通便捷度；空间管控，构建智慧化安全韧性之城，推进智慧城市建设，预留应对突发事件的空间与资源配置，疏解岛内人口和部分功能，减少人口压力和过于集聚空间；创新赋能，构建高素质国际创新之城，逐步提升国际化建设，重视人才引入及培养，增强城市创新能力与活力，持续打造一流国际营商环境，助力"三高"企业发展。

二、第三方城市体检结果

1. 主要成效

生态宜居方面，全市全年空气质量优良天数为356天，位于样本城市前列；在30个水体断面中，水环境质量优于Ⅴ类比例为80.9%，位于样本城市上游。建成区公园绿地服务半径覆盖率为84.7%；健康舒适方面，社区便民服务设施覆盖率达到70.4%，中心区教育、社区医疗、养老等公共服务设施服务覆盖率均处较高水平，安全韧性方面，城市建成区无积水内涝点，表现较为优秀，城市万车死亡率为 0.35 人／万车，在样本城市中相对较低；交通便捷方面，城市道路网密度大，建成区高峰时间平均机动车速度为 19.5 千米／小时，表现较优；风貌特色方面，厦门城市历史文化街区保存完整率较高，建成区节假日城市国内外游客量为 2377.4 万人，是常住人口的 4.72 倍。

2. 存在的主要问题

厦门市的整体人口密度偏高，分布也不均匀。本岛因地势造成空间隔离，具有形态规模抑制的特点，密度较岛外高。岛内外的楼房价值差异大，岛外的生活配套设施滞后于本岛。住房压力大，物价水平高，不利于城市长期发展，也影响城市的人才吸引与创新活力。

3. 意见建议

推动岛外 TOD 新市镇建设，有序疏导本岛人口；着重发展绿色交通，构建综合立体的交通网络；打好城市魅力品牌，加强城市密度与风貌特色的规划管控；补齐城市活力短板，激发城市创新活力。

第九节　赣州

一、城市自体检结果

1. 取得的成效

生态宜居方面，城市空气环境、水环境质量良好；健康舒适方面，人均体育场地面积充足，社区便民服务设施覆盖率较高；安全韧性方面，医疗废物处理仍有较大余力；交通便捷方面，高峰时段平均机动车通行速度较快，居民平均单程通勤时间较短，公共交通出行分担率较高；风貌特色方面，历史风貌保存度较高；整洁有序方面，城市生活垃圾回收利用率较高，建成区公厕密度达标；多元包容方面，城市最低生活保障水平较高；特色指标方面，高校本地化就业率较高。

2. 存在的主要问题

生态宜居方面，城市人口密度稍低；健康舒适方面，公办或普惠性民办幼儿园配置稍显不足，社区养老服务设施覆盖率较低，社区卫生服务中心门诊分担率较低，人均社区体育场地面积较少；安全韧性方面，人均避难场所面积不足，传统商贸批发市场聚集程度较高；交通便捷方面，建成区道路网密度稍低，居民对小汽车停车较为不满；风貌特色方面，国内外游客吸引力有待提升；整洁有序方面，城市生活污水收集率、实施专业化物业管理的住宅小区占比较低；多元包容方面，房租水平较高，居民对城市房价和房租较为不满；创新活力方面，创新投入、环境、政策方面均有不足；特色指标方面，外贸依存度较低，中小学覆盖率有待提升，公交站点覆盖率有待提升。

3. 对策措施

生态宜居方面，建成区人口密度提高到 1.05 万人 / 平方千米；健康舒适方面，市辖区普惠性幼儿园覆盖率提高到 100%，市辖区人均社区体育场地面积提高到 0.3 平方米，市辖区建成区内社区养老服务设施覆盖率提高到 100%，建成区内社区卫生机构门诊率提高到 24%；安全韧性方面，市辖区建成区人均避难场所面积提高到 2 平方米，市辖区建成区传统商贸批发市场聚集程度下降为 50%；交通便捷方面，市辖区建成区道路网密度提高到 8 千米 / 平方千米；风貌特色方面，赣州市国内外游客吸引力提高到 2.8；整洁有序方面，市辖区建成区城市生活污水集中收集率提高 60%；多元包容方面，赣州市房租收入比下降 20%，赣州市房价收入比下降 1.77%；创新活力方面，赣州市全社会 R&D 支出提高到 2.15%，市辖区新增就业人口中大学（大专及以上）文化程度比例提高到 9%；特色指标方面，赣州市外贸依存度提高到 35%，市辖区建成区中小学服务半径覆盖率提高到 100%，市辖区建成区公共交通站点500 米半径覆盖率提高到 90%。

二、第三方城市体检结果

1. 主要成效

生态环境优越，生态宜居突出。赣州市区域开发强度为 3.5%，在样本城市中最低。城市蓝绿空间占比 84.5%，在样本城市中最高。城市开发强度和城市人口密度均在合理区间内。全年空气质量优良率 91.0%，城市水环境质量优于 V 类比例、公园绿地服务半径覆盖率等指标，均处于样本城市上游区间。

健康舒适性较好。除社会卫生服务中心门诊分担率低于样本城市平均水平外，其他健康舒适指标均在正常区间。社区便民服务设施覆盖率和普惠性幼儿园覆盖率超过 80%，位于样本城市上游区间。高层高密度住宅用地占比、高密度医院占比、老旧小区个数占比等指标均位于样本城市前列。

风貌特色保持较好。赣州是国家历史文化名城和中国优秀旅游城市，城市风貌特色指标较好，其中历史文化街区保存率位居样本城市前列，城市国内外游客吸引力在地级市中排名靠前。

2. 存在的主要问题

赣州整洁有序表现一般，创建全国文明城市和中国优秀旅游城市工作仍需努力；住房支出负担重，多元包容性有待提高；全社会R&D投入偏低，创新性不足。

3. 意见建议

加强交通安全宣传教育，提高公共交通出行分担率；高质量推进城市更新，增强城市整洁有序；降低住房支出，提高城市创新活力。

第十节　景德镇

一、城市自体检结果

1. 取得的成效

生态宜居方面，生态本底优越，人居环境较好；健康舒适方面，整体生活舒适度高，普惠性幼儿园覆盖率、人均体育场地面积均已达到相关要求；安全韧性方面，城市安全度较高，交通事故和安全事故发生率降幅明显；交通便捷方面，呈现出较为明显的中小城市交通网络与出行特征，常住人口平均单程通勤时间短（约21分钟）；风貌特色方面，城市积淀深厚、特色资源丰富；整洁有序方面，基础设施较为完善；多元包容方面，"瓷都"品牌享誉国内外，具有较强的城市吸引力。

2. 存在的主要问题

公共设施存短板，社区养老服务设施覆盖率（38.6%），社区卫生服务中心门诊分担率（16.8%）处于较低水平；城市内涝隐患依然存在，建成区内涝点较2019年有所增加，海绵城市建设需求较为迫切；城市道路网密度与交通便捷性较低，建成区道路网密度、高峰时间平均机动车速度均较低；城市基础设施方面，实施专业化物业管理的住宅小区占比仅为34.7%，城市社区管理的精细化程度有待提升；城市创新活力不足，各项创新指标有一定提升，但与发达地区城市相比仍有较大差距。

3. 对策措施

发挥优势，彰显生态宜居与风貌特色优势，突出地域特色，提升城市品质；补齐城市功能短板，弥补和改善在健康舒适、安全韧性、交通便捷、整洁有序与多元包容方面的局部问题，实现城市功能与品质有效提升；提高城市软实力，全面提升城市活力与科技创新水平。

二、第三方城市体检结果

1. 主要成效

生态宜居方面，区域开发强度不高，城市开发强度适宜，城市蓝绿空间比为 72.5%，位居样本城市前列；城市人口密度为 0.69 万人 / 平方千米；城市空气质量优良天数为 355 天，城市水环境优于 V 类比例为 94.4%，城市空气质量和水环境两项指标均处于样本城市前列；多元包容方面，城市公共空间无障碍设施满意度处于样本城市上游水平，住房支出在适宜区间。安全韧性和健康舒适方面，城市二级及以上医院覆盖率和人均避难场所面积处于样本城市上游；高层高密度住宅用地占比仅为 0.74%，是样本城市中最低的 4 个城市之一，高密度医院占比、老旧小区个数占比等指标均在正常范围内。

2. 存在的主要问题

整洁有序亟待提高，城市生活污水集中收集率、建成区公厕设置密度、实施物业管理的住宅小区占比等指标一般；创新活力不足，城市对外来人口的吸引力不足，R&D 的投入较低。

3. 意见建议

加大城市整洁有序投入，优化城市生态环境格局；突出风貌特色，进一步提高城市吸引力，增强城市创新活力；优化公共交通服务，提高公共交通出行分担率。

第九章

华中地区城市

郑州郑报文化传媒有限公司供图

郑州郑报文化传媒有限公司供图

郑州郑报文化传媒有限公司供图

洛阳市住房和城乡建设局供图

武汉市城市建设档案馆供图

武汉市城市建设档案馆供图

武汉市城市建设档案馆供图

黄石市住房和城乡建设局、《黄石日报》供图

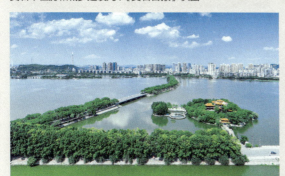

黄石市住房和城乡建设局、《黄石日报》供图

黄石市住房和城乡建设局、《黄石日报》供图

黄石市住房和城乡建设局、《黄石日报》供图

长沙市城市人居环境局供图

长沙市城市人居环境局供图

长沙市城市人居环境局供图

第一节　郑州

一、城市自体检结果

1. 取得的成效

郑州市建成区社区便民服务设施覆盖率为 91.12%，公共厕所、便民超市和党群服务中心接近全覆盖；郑州市建成区未完成改造老旧小区用地面积占比为 9.41%，已完成改造的老旧小区数量占比达 67.68%，达到预期 60% 目标值；郑州市二级及以上综合医院覆盖率较高；城市快速路与主干道平均车速分别为 34.29 千米 / 小时和 23.77 千米 / 小时，达到标准要求；郑州市历史文脉悠长，拥有大量的历史文化遗存；郑州市开展了全面的无障碍设施改造工作，建立健全相关管理维护制度，形成良好的无障碍环境。郑州市新就业人口中大学（大专及以上）文化程度人口所占比重不断增大，全社会 R&D 支出不断增加，高新技术企业迅猛发展。

2. 存在的主要问题

生态园林城市建设取得显著成就，但空气质量亟待改善；城市更新有序推进，但普惠性幼儿园、社区医疗养老服务设施不足；城市安全水平不断提高，但灾害应急能力和城市品质有待改善；交通枢纽功能显著，仍需进一步提升多式联运能力；历史文化底蕴深厚，但保护和再利用程度有待提升；基本社会公共服务覆盖率相对偏低；创新活力方面需加大研发投入；黄河战略枢纽地位突显，仍需持续推进高质量发展。

3. 对策措施

差异化控制区域开发强度，对城市空间结构进行优化调整，引导人口合理布局；加强重点行业污染物排放改造，优化能源结构，加快燃煤锅炉改造，提高扬尘污染治理达标率；继续推进水环境综合治理工程，实施城市河流整治和流域整治工程；完善城市绿道，提升市民幸福感和获得感；提升改善各类社区服务设施覆盖率；合理配置区内的医疗资源，逐步建立起有效的分级诊疗制度，充分发挥社区卫生服务中心基本医疗卫生服务的功能；做好老旧小区惠民提质工程，创新老旧小区改造模式；推进海绵城市建设；建立完善应急救援体系，提升救援效率；着重提升城市交通路网运行效率，加快推进优先发展公共交通；推动民营企业转型升级，加大对高新技术企业的扶持力度。

二、第三方城市体检结果

1．主要成效

城市交通便捷方面，郑州市建成区高峰时间平均机动车速度为 24.8 千米 / 小时，早晚高峰时段平均机动车速分别为 25.9 千米 / 小时、23.7 千米 / 小时，建成区高峰时间平均机动车速度较高，位于样本城市上游水平，城市常住人口平均单程通勤时间处于合理区间。城市历史文化脉络传承方面，历史文化街区留存率较好，历史建筑平均密度在同等人口规模城市中处于上游。城市整洁有序方面，在与同等人口规模城市对比中，郑州城市生活污水集中收集率达到90%、建成区公厕设置密度达到 4.5 座 / 平方千米，均处于上游水平；在市容综合管理工作方面，实施物业管理的住宅小区占比为 76.8%，处于上游水平，城市各类管网普查建档率为97.5%。

2．存在的主要问题

城市开发强度较高，城市生态环境保护不足；社区服务设施建设存在短板，高层高密度住宅较多；城市安全韧性存在短板，城市灾害应急能力仍需提升；城市多元包容指标评价一般。

3．意见建议

重视生态宜居治理，推进区域疏解；补齐城市社区服务设施建设短板，有序推进城市更新；加强城市公共卫生事件防控能力，提高城市安全韧性；关注社会服务公平，提升城市多元包容度。

第二节　洛阳

一、城市自体检结果

1．取得的成效

公办幼儿园数量和规模持续提升，民办普惠性幼儿园提供入园数已超 1 万个。千人养老床位数达到 35 床，独具洛阳特色的养老服务体系正在持续建设；城市风险应对能力提升，安全韧性加强。洛阳市在城市交通安全方面表现良好，二级及以上医院覆盖率高，医疗废物处置能力强，在面对疫情、重大灾害后救援等紧急情况时，完全能满足大量增长的处理需求；城市居民出行结构合理，公共交通服务体系健全；历史文化保护成绩显著，名城风貌彰显时代特色；社会福利水平全省领先，居民住房相对合理稳定。城镇职工和城乡居民基本养老保险、基本医疗保障、义务教育、基本住房保障等各项覆盖率处于全省前列，基本公共服务规模和水平不断提升。

2. 存在的主要问题

大气环境质量相对较差，蓝天行动仍需持续推进；养老、卫生等社区公共服务设施覆盖程度不高，基层公共服务设施能力和管理水平有待补充完善；老旧小区占比较高，改造工作任务艰巨；交通拥堵问题依旧突出，停车难等问题仍是常态；文化产业增加值比重起伏不定，文化产业体系不完整；生活垃圾回收利用水平较低，生活垃圾分类未能有效实施；人口吸引能力不足，新型城镇化水平有待加强；创新要素驱动能力有限，科技创新发展任重道远。

3. 对策措施

加快产业布局优化调整，推动"绿色运输"结构调整；加快城市能源结构优化，强化城市通风廊道管控；推动专业化物业管理全覆盖，持续推进"乐养居"建设，建立灵活的社区卫生服务体系；加快背街小巷、棚户区环境整治，深入实施老旧小区"微改造"；持续优化路网结构，多途径增加停车车位；培育壮大文化企业，加强文化资源挖掘、研究和利用，加大文化产品研发支持力度，成立文化产业联盟，出台文化产业相关扶持政策；强化生活垃圾分类管理模式，完善生活垃圾回收利用体系，推动生活垃圾处理设施规划建设；持续优化人才引进政策，多渠道增加就业岗位，吸引在外务工人员返乡创业就业，加快高校和科研团队建设，制定高新企业培育和引进支持政策。

二、第三方城市体检结果

1. 主要成效

健康舒适方面，洛阳市居民健身场地建设方面指标较好，其中人均社区体育场地面积为0.3 平方米，在样本城市中位列第四；安全韧性方面，城市公共卫生事件风险防御水平较高，二级及以上医院覆盖率为 86.7%，位列样本城市第二，同时，城市传统商贸批发市场聚集程度在样本城市中最低，仅为 8.5%；风貌特色方面，城市历史文化风貌特色较为突出。基于历史地图、卫星影像比对，洛阳市辖区建成区内留存的历史文化街区面积占比较高，位居样本城市前三。国内外游客吸引力在同等规模城市中位居前五；整洁有序方面，城市市容环境较好。洛阳市建成区公厕设置密度为 5.6 座 / 平方千米，位列样本城市第二位。城市生活污水集中收集率为 88.7%，与同等人口规模城市对比处于上游。实施专业化物业管理的住宅小区占比66.5%；多元包容方面，洛阳市房租收入比及房价收入比与样本城市对比，处于较低水平。

2. 存在的主要问题

城市生态环境要素保护情况一般；城市推行绿色交通优先工作仍需努力；城市创新活力整体水平一般。

3. 意见建议

关注城市生态环境，进一步推进生态宜居城市建设；坚持绿色交通优先，完善公共交通建设；补齐城市历史文化活化利用短板，焕发古城活力；鼓励城市创新，提升城市人才吸引力。

第三节　武汉

一、城市自体检结果

1. 取得的成效

生态宜居方面，生态资源禀赋优越，城市人居环境持续改善；健康舒适方面，公共服务设施覆盖广，居民生活品质提升；交通便捷方面，公共出行增加，交通拥堵有所缓解；风貌特色方面，历史建筑保护加强，旅游业不断繁荣；整洁有序方面，环卫设施不断完善，市容保洁水平不断提高；多元包容方面，社会保障措施合理稳定，弱势群体关怀力度加强；创新活力方面，就业人口素质不断提高，高新技术产业和民营经济得到快速发展。

2. 存在的主要问题

生态环境质量有待优化；社区现代化建设相对滞后；城市韧性能力有待提高；道路交通设施建设存在短板；房价收入比偏高。

3. 对策措施

落实城市建设创新、协调、绿色、开放、共享的发展理念；重塑健康标准，促进健康城市发展；加强韧性设施体系建设，保障城市安全；改善人居环境，营造宜居城市。

二、第三方城市体检结果

1. 主要成效

生态宜居方面，公园绿地服务半径的覆盖率位居样本城市前列；区域开发强度在平原型超大、特大城市中处于正常范围，生态宜居性较好；交通便捷方面，武汉市公共交通在机动化出行中占比 55.5%，位于样本城市上游；多元包容方面，武汉的房价收入比为 13.5，在同等人口规模样本城市中位于中游，低于郑州、成都、西安、广州等超大、特大城市，百万大学生留汉计划提前一年完成。

2. 存在的主要问题

安全韧性有待提高；老旧小区占比较高，城市市容环境仍需提高；城市空气质量和水环境质量需提升。

3. 意见建议

加快传统商贸批发市场外迁和改造，增强安全韧性；加强城市环境治理，提高水环境质量和空气优良天数。把握长江大保护战略机遇，实现江河湖泊排污口全覆盖、全时段监测，提高污水处理率，加快推进"三湖三河"治理，加快消除劣 V 类湖泊，积极开展污染土地治理修复，全面提高城市水环境质量；加快老旧小区改造，提高城市整洁有序水平，匹配现代化、国际化和生态化大武汉的建设目标；保持多元包容优势，持续提高创新活力。

第四节 黄石

一、城市自体检结果

1. 取得的成效

生态宜居方面，总体生态格局保持较为完整，公园绿地建设成效显著；健康舒适方面，社区公共服务、便民服务、养老服务设施达到全覆盖；安全韧性方面，城市韧性基础较好，医疗卫生设施建设适度超前；交通便捷方面，交通出行效率高、成本低，公交分担率逐步提升；风貌特色方面，历史文化街区保存完整，工业遗产特色鲜明，旅游市场发展迅猛，客流量年增速接近 20%；整洁有序方面，生活污水收集情况较好，管网均普查建档。

2．存在的主要问题

交通便捷方面，城市道路结构不合理，道路功能混杂，微循环不畅；风貌特色方面，工业遗产活化利用的方式较为单一，历史建筑亟待修缮，保护管理和利用不足；创新活力方面，市辖区人口缓慢外流，城市活力相对偏低。

3．对策措施

修复生态本底，建设公园城市；改善人居环境，建设宜居城市；完善交通体系，提升交通功能；完善安全保障，建设健康城市；强化社区职能，织牢基层组织；创新城市活力，建设共享机制。

二、第三方城市体检结果

1．主要成效

生态宜居方面，生态环境基底整体水平较好，区域开发强度和城市开发强度不高，人口密度较低，高密度小区占比低；交通便捷方面，高峰时段平均机动车速度为 22.2 千米 / 小时，常住人口平均单程通勤时间 33.4 分钟，公共交通出行分担率为 53.2%，社区车位与车辆比例为 94%（老旧小区为 86.9%），虽然路网密度不高，但是交通整体上较为便捷；多元包容方面，常住人口基本公共服务覆盖率为 53.5%，公共空间无障碍设施覆盖率达 72.5%。房租收入比、房价收入比均较低。

2．存在的主要问题

公园绿色服务半径覆盖率较低、空气质量优良天数和城市道路网密度有待提高；整洁有序需提高，需进一步突出工业遗产特色；城市创新活力不足。

3．意见建议

发挥黄石与武汉的同城效应优势，增强创新活力，提高城市基础教育水平，增强文化旅游服务能力，吸引部分武汉科技创新人才在黄石安家，加快城市常住人口增长速率；加强工业遗产保护利用，塑造城市风貌特色；加快实施城市更新行动，在老旧小区改造中，适当疏散老城区人口，多建设口袋公园，提高公园绿地服务覆盖率，增加公园绿地面积。

第五节 长沙

一、城市自体检结果

1. 取得的成效

风貌特色方面，长沙市在山水风貌保护、历史街区保护、历史建筑与传统民居修复利用、城市标志性建筑、城市景观美感、城市文化特色等方面表现较好，城市节假日国内外游客量逐年上升；整洁有序方面，城市生活垃圾回收利用率、城市各类管网普查建档率趋势向好，建成区公厕设置密度指标总体达标，城市生活污水集中收集率和实施专业化物业管理的住宅小区占比有待改善；创新活力方面，近 4 年的非公经济增长率保持在 10% 以上，明显高于其他新一线城市。长沙市在万人有效发明专利拥有量、万人高新技术企业、非公经济增长率和抖音打卡地点丰富度排名等方面均已达标。

2. 存在的主要问题

空气质量有待改善；老旧小区人居环境有待优化；城市噪声污染有待控制；城市交通设施配置不充分；城市内涝治理有待提升；应急管理体系仍需健全；社区养老服务设施有待加强；城市居住品质有待提高。

3. 对策措施

打好蓝天保卫战，把长沙市建设成为生态文明示范城市；持续推进城市有机更新；持续打造完整社区；塑造场景式未来社区；推进全龄友好健康城市建设；积极缓解城市交通拥堵；持续推进生活垃圾分类；探索公园城市建设。

二、第三方城市体检结果

1. 主要成效

交通便捷方面，长沙市建成区高峰时间平均机动车速度在样本城市中表现较优，路网密度高、常住人口平均单程通勤时间少，高峰时期路面通行状况良好。居住区停车泊位占小汽车保有量比例高，总体上出行较为舒适；风貌特色方面，长沙市的城市风光和人文自然生态对国内外游客具有较大吸引力；多元包容方面，长沙市的整体房租房价水平偏低，未对居民生活成本造成过大压力，与其他样本城市相比，长沙市的居住空间较宽敞。

2．存在的主要问题

长沙市生态宜居建设仍有改善空间，自然生态环境质量偏低，蓝绿空间占比以及公园绿地建设比较欠缺。长沙市整体交通出行便捷度较好，但公共交通出行分担比例在样本城市中排名较低，公共交通出行服务有待完善。

3．意见建议

推动区域发展，建设生态宜居长沙；推进完整社区建设，进一步提升社区健康舒适度；通过 TOD 发展模式提高整体交通便捷性，推动绿色出行；发挥多元包容优势，持续推动高新科技产业发展。

第十章

华南地区城市

广州市住房和城乡建设局供图

广州市住房和城乡建设局供图

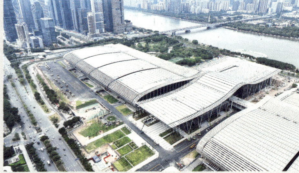

广州市住房和城乡建设局供图

广西
南宁

谭家强 摄影

谭家强 摄影

谭家强 摄影

海口市住房和城乡建设局供图

海口市住房和城乡建设局供图

海口市住房和城乡建设局供图

第一节　广州

一、城市自体检结果

1. 取得的成效

生态宜居方面，广州市城市开发强度和人口密度适宜，空气质量优良天数稳步提升，蓝绿空间占比、城市绿道密度、新增建筑中绿色建筑占比达到了相关标准要求；健康舒适方面，广州市社区公共服务综合平台实现了全覆盖，社区养老服务设施覆盖率、普惠性幼儿园覆盖率、人均体育场地面积和人均社区体育场地面积均已达国家要求；安全韧性方面，广州市在公共医疗服务设施建设和交通安全管理方面取得了很大成绩；城市积水内涝问题得到显著改善；城市应急避难场所面积达到标准；医疗废物处理能力能够较好满足处置需求；风貌特色方面，广州市城市风貌特色指标整体较高，历史文化街区保存完整，全部完成了保护范围划定工作，工业遗产利用取得一定成效，历史建筑平均密度逐年提升；城市旅游影响力稳步扩大；多元包容方面，广州市常住人口的教育、医疗、住房等基本公共服务水平较高；公共空间无障碍设施建设基本实现全覆盖；城乡居民低保标准稳步提升，困难群众基本权益得到有效保障；就业形势持续保持稳定。

2. 存在的主要问题

社区生活圈的设施配置不均衡；老旧小区及高密度住宅管理有待加强；高峰时间交通拥堵呈常态，交通健康状况欠佳；历史文化类旅游产品影响力有待提升；生活垃圾分类精细化程度亟待提高；中心城区居民购房压力较大；科技创新人才支撑与发明产出动能不足。

3. 对策措施

以社区生活圈为引领，创新社区公共服务供给机制；补齐居住社区短板，加强物业管理和社区治理；持续落实内涝点治理，加强海绵城市建设；加快推进消防设施规划建设，加强安全生产监督管理；创新交通管理措施，确保道路交通运行通畅；以"绣花"功夫打造粤港澳大湾区的人文客厅；逐步提高城市生活垃圾分类处理水平，稳步解决垃圾围城问题；建立健全"多主体供给、多渠道保障、租购并举"的住房体系；增强科技创新策源功能，构建更高科技水平的产业体系。

二、第三方城市体检结果

1. 主要成效

广州市生态环境优渥，空气质量较高，蓝绿空间占比较适宜，公园绿色服务半径覆盖范围广，城市绿道建设较完善，覆盖率高；历史文化资源丰富，历史建筑密度指标处于前列，城市历史文化街区保存完整率指标体检结果较好；路网发达，城市道路网密度达到 10.3 千米 / 平方千米；市容市貌较好，城市整洁有序，城市生活垃圾回收利用、污水处理、公厕建设、各类管网普查建档率、住宅小区实施专业化物业管理指标评价结果均良好；创新活力方面整体较好，广州市对高素质人才有较强吸引力，劳动力素质整体较高，城市高新技术企业较多。

2. 存在的主要问题

水环境质量有待进一步提高；高峰时段仍存在交通拥堵问题，通勤时间较长；城市住房压力较大，公共空间多元包容程度有待提升。

3. 意见建议

加强水环境整治力度，完善生态城市建设；降低城市开发强度和人口密度，进一步提升城市韧性；依托历史文化资源与风貌特色资源优势，提升城市吸引力；完善住房保障体系，进一步提升多元包容与创新活力水平。

第二节　南宁

一、城市自体检结果

1. 取得的成效

健康舒适方面，公共服务体系不断健全，普惠性幼儿园覆盖率、体育设施服务水平、社区卫生服务中心门诊分担率等指标、人均体育设施面积等指标持续优化提升；安全韧性方面，综合防灾能力提高，城市万车死亡率、城市二级以上医院覆盖率、医疗废物处理能力等指标较好；交通便捷方面，基础设施建设、公共交通建设不断完善；风貌特色方面，山水格局与特色风貌基底好，历史文化街区改造有序推进，壮乡文化得到广泛认同；整洁有序方面，城市市容环境得到改善，城市管理水平不断提高；多元包容方面，基本公共服务保障持续提升，住房保障有序推进；创新活力方面，城市人口吸引力不断提升，服务业和科技产业企业数量增长明显。

2. 存在的主要问题

生态宜居方面，多中心结构未成形，空间结构待优化，资源浪费与资源紧张现象并存，公园绿地服务能力不足；健康舒适方面，民生服务供给不足，民生服务设施布局不均衡；安全韧性方面，城市防洪排涝存在风险隐患，消防救援体系不完善；交通便捷方面，路网建设体系性不强，轨道交通网络待完善，公交服务品质和竞争力不足；风貌特色方面，城乡特色风貌统筹引导不足，生态特色利用和文化保护面临挑战，历史文化保护体系不完善，整体格局保护不足；整洁有序方面，环卫设施建设和处理水平有待提升，市政场站、管网建设面临选址困难、建设缺口大等困境；多元包容方面，常住人口基本公共服务覆盖水平偏低；创新活力方面，培育企业的能力有待提高，研发能力不具备优势。

3. 对策措施

生态宜居方面，争创"国际花园城市"，持续开展水环境综合治理工作，提升土地利用效率；健康舒适方面，继续聚焦健康、教育、文化发展，提升民生保障，补齐社区宜居短板；安全韧性方面，完善综合避难疏散救援体系，完善防洪排涝体系，优化重要防灾设施布局；交通便捷方面，多举措提升城市交通服务品质，建设高效公平的城市道路网络；风貌特色方面，提品质强调特色发展，完善历史文化保护体系；整洁有序方面，完善生活垃圾分类处理系统，加强污水设施建设；多元包容方面，推进城市基本公共服务向常住人口全覆盖，关注弱势群体，提升全民幸福感与获得感；创新活力方面，加快创新平台建设，围绕产业链部署创新链，强化企业创新主体地位。

二、第三方城市体检结果

1. 主要成效

城市道路较为通畅，机动车行驶时间和出行单程通勤时间在样本城市中较短；健康舒适方面，社区便民服务设施覆盖率、社区养老服务设施覆盖、普惠性幼儿园覆盖率等都位于样本城市上游水平；安全韧性方面整体质量良好，城市内无积水内涝问题，未发生较大建设事故。人均避难场所面积充足，二级及以上医院覆盖率也处于良好水平。

2. 存在的主要问题

人口密度偏高，高密度医院比重大，公共卫生安全存隐患；水环境质量较差，城市品质存在不足；城市管理和市容市貌有待改进；城市包容度有待提升；创新活力水平一般。

3. 意见建议

补齐水环境质量短板，提升城市人居环境品质；通过完整社区建设，提升人居品质；提升城市安全韧性，关注人口疏解与管理；重视公共交通系统发展，优化城市多元出行网络；培养城市创新活力，提升人才吸引力。

第三节　海口

一、城市自体检结果

1. 取得的成效

生态宜居方面，指标总体表现良好，建成区区域开发强度为 8.5%，比去年略有提高。安全韧性方面，交通安全工作在全国整体处于较高水平，市辖区未发生基础设施较大事故，城市安全水平良好；交通便捷方面，建成区道路网密度为 5.49 千米／平方千米，相比去年有所上升。风貌特色方面，城市历史文化街区保存完整率与往年持平，历史建筑数量密度率略有下降，在样本城市中仍处于较高水平。在旅游发展方面，游客吸引力略有上升；多元包容方面，海口市在房价控制和公共服务覆盖率指标表现较好；创新活力方面，受海南自贸港建设带动，海口市经济活力、创新动力得到增强，营商环境进一步改善。

2. 存在的主要问题

空气质量面临下降风险，城市功能布局有待优化；社区服务设施短板依旧存在，老旧小区改造任务重；城市安全韧性水平有待提高，内涝治理难度大；城市路网不完善、公交发展滞后、停车难等问题依然明显；旅游吸引力相比仍有差距，城市文化特色需要提升；城市生活垃圾污水收集存在短板，物业管理水平有待提高；对弱势群体保障有待继续加强，城市生活成本相对较高；城市创新能力不强，企业发展活力对就业、投资拉动不强。

3. 对策措施

建设生态绿色城市，完善城市功能布局，加快新区建设；深化完善公交服务，坚持"公交优先"，加快新能源车推广；启动完整社区建设，推进老旧小区多元改造，提高社区空间环境品质；完善医疗服务设施，提高公共卫生风险防御能力；提升公共建筑无障碍设施建设管理水平；加强内涝治理、排水管网、防灾避难场所建设，提升生活垃圾分类回收工作及医疗废物处理能力；塑造城市文化地标，实现旅游品质提升；提升城市创新能力，加强科技创新投入，细化自贸港政策，强化新增企业对实体经济带动能力，加强人才引进。

二、第三方城市体检结果

1. 主要成效

海口城市生态环境资源优越，自然宜居性高；城市健康舒适，人均体育场面积较充裕，社区层面的人均体育场面积较高；安全韧性方面，从城市建设和交通安全方面看，海口市整体处于优良水平，城市万车死亡率低，无较大基础设施安全事故；城市防灾能力方面，避难场所建设情况良好，人均避难场所面积达标。

2. 存在的主要问题

城市整洁有序建设不足，生活垃圾回收处理、生活污水整治、公园绿地服务等有待进一步提升；住房压力大，房价收入比和房租收入比都处于偏高水平；公共交通出行系统有待完善，绿色出行服务有待提升；城市创新活力不足。

3. 意见建议

完善生态城市建设，重视城市市容市貌整治效果，提升城市及社区生活品质，完善公共服务配套设施，加强完整社区建设；合理调控房价，降低住房租金压力，提升城市吸引力；完善公共交通建设，提升绿色出行比例；提升对人才和高新企业吸引力，提振城市创新活力。

第十一章

西南地区城市

昆明市规划设计研究院有限公司 简海云 拍摄　　昆明市规划设计研究院有限公司 易娜 拍摄

昆明市规划设计研究院有限公司 易娜 拍摄

贵州
贵阳

贵阳市城市建设档案馆供图

贵阳市城市建设档案馆供图

贵阳市城市建设档案馆供图

重庆

唐安冰 摄影

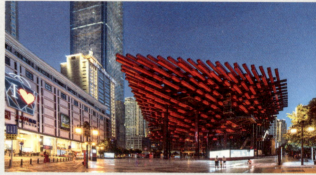

张坤琨 摄影

唐安冰 摄影

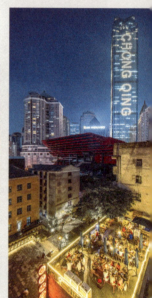

冯赛飞 摄影

成都市住房和城乡建设局供图

成都市住房和城乡建设局供图

成都市住房和城乡建设局供图

成都市住房和城乡建设局供图

遂宁市城乡建设档案馆供图

遂宁市城乡建设档案馆供图

遂宁市城乡建设档案馆供图

第一节 昆明

一、城市自体检结果

1. 取得的成效

生态宜居方面，生态环境质量整体较好，城市开发强度适宜；健康舒适方面，公共设施服务能力持续提升，公共服务体系建立向社区基层延展；安全韧性方面，交通安全水平良好，社会治安水平较高，城市应急应对能力不断提升；交通便捷方面，绿色出行基础设施建设不断完善，职住平衡关系持续改进，平均通勤时间较适宜；风貌特色方面，重点地区风貌管控塑造加强，城市特色得到彰显；整洁有序方面，城市基础设施不断完善，"厕所革命"提升了城市品质；多元包容方面，住房压力偏小，无障碍设施覆盖率较高，多元民族文化塑造城市多元包容特质。

2. 存在的主要问题

城区开发强度较大；城市功能空间布局存在不合理；城市道路网结构不合理，城市 TOD 公交一体化建设不足，"停车难"与"局部路段拥堵"并存；社区养老服务设施不足，老旧小区物业管理问题突出；城市内涝问题有所缓解但依旧存在，城市安全韧性有待增强；创新活力与一线城市有一定差距，科技创新能力与定位不相符；历史文化街区保存完整率偏低，历史文化资源活化利用不足。

3. 对策措施

碧水绿地，系统治理提档升级；聚焦社区，打造"15 分钟生活圈"；智能引导，构建绿色智能交通系统；提升韧性，加强城市安全精细化治理；创新引领，推动创新驱动发展；特色彰显，塑造城市特色风貌。

二、第三方城市体检结果

1. 主要成效

生态宜居优势明显。空气质量优良天数达到 355 天，位于样本城市前列。城市人口密度、城市开发强度、城市蓝绿空间比例均处于正常适宜范围。城市水环境质量优于 V 类比例达到 70.4%，位于样本城市中上游；厕所革命成效显著。昆明市建成区内的公厕数量有 2996 座，公厕设置密度为 5.4 座 / 平方千米，位列样本城市第 3。

2. 存在的主要问题

创新活力一般。受经济发展水平影响，昆明市对人才的吸引力不够，城镇新增就业人口中大学（大专及以上）文化程度人口比例为48.4%，全社会R&D支出占GDP比重为1.2%，均处于全国样本城市下游。万人高新技术企业数量为1.49个，也低于全国平均水平；交通问题突出。职住不平衡引发潮汐交通现象，建成区高峰时间平均机动车速度为25.11千米/小时，在全国样本城市中排名靠后。城市常住人口平均单程通勤时间40.78分钟，与同类城市相比偏高。建成区道路网密度6.44千米/平方千米，与国家目标要求存在差距；老幼群体设施配套不足。昆明市社区养老服务设施覆盖率为28.8%，普惠性幼儿园覆盖率为63.5%，均位于样本城市中下游。老旧小区普遍存在养老、抚幼等公共服务功能不足，且机动车和非机动车的停放场地不足。

3. 意见建议

加强公共绿地建设，加强城市湖泊、风景区、湿地自然保护区等地的生态保护工作；加强多层级养老设施建设，完善适老空间建设，构建适老型城市；加快大中运量公共交通设施以及慢行交通系统建设，以轨道和BRT线网为骨架组织城市空间结构；加强政府各部门间协调合作，营造创新驱动发展的制度环境；提高财政对科技的投入，构建包容性的创新人才发展环境。

第二节　贵阳

一、城市自体检结果

1. 取得的成效

生态宜居方面，生态环境质量持续向好；健康舒适方面，公共服务设施逐步改善，社区便民和普惠性幼儿园覆盖良好；安全韧性方面，交通安全水平不断提升，社会治安水平良好；交通便捷方面，交通状况有所改善，公交服务水平较好；风貌特色方面，旅游吸引力大力增强；整洁有序方面，公厕建设和生活垃圾回收利用向好；多元包容方面，房价收入比降速全国居首。

2. 存在的主要问题

道路交通有待进一步完善，目前路网结构仍存在组团间快速联系通道不足、部分区域路网密度较低、支路建设不够等问题，造成交通拥堵；公共交通服务设施存在一定短板，组团外围与城乡接合区域医疗、教育、体育等设施分布不够均衡；交通出行便捷性有待提升，外围组团及城乡接合区域公交服务覆盖能力较弱；创新发展水平不高，创新整体处于起步阶段，科技成果转化率不高，创新资本和科研机构短板仍然明显。

3. 对策措施

继续完善道路网系统，提高路网密度；加强城市外围区域公共服务设施规划建设；大力推进"常规公交＋轨道交通"的公共交通基础设施建设，提升居民交通出行便捷性；通过优化创新环境，增强研发投入等多举措增强城市活力。

二、第三方城市体检结果

1. 主要成效

生态宜居方面，贵阳市全市全年空气质量优良天数为 357 天，位于样本城市首位。蓝绿空间占比为 62.8%，建成区公园绿地服务半径覆盖率为 79.6%，绿道密度为 2.78 千米 / 平方千米，位于样本城市上游；交通便捷方面，城市道路通畅，绿色交通建设较好；城市建成区高峰时间平均机动车速度为 24.48 千米 / 小时，位于样本城市上游；常住人口平均单程通勤时间为 36.01 分钟，职住较为平衡。

2. 存在的主要问题

健康舒适方面，各类社区配套设施不足，高层高密度住宅偏多。社区便民服务设施和普惠性幼儿园的覆盖率均在 70% 以下；社区养老服务设施覆盖率仅为 19.5%；人均社区体育场地匮乏；社区卫生服务中心门诊分担率较低；建成区高层高密度居住区用地面积占比 37.1%，比例偏高；多元包容方面，公共服务保障不足，低收入群体居住成本偏高。2019 年城市基本公共服务已覆盖的常住人口比例为 50.6%。城市居民最低生活保障标准、房租收入比、房价收入等指标与同类城市相比水平偏高。安全韧性不足，建成区积水内涝点密度较高，每万人年度较大建设事故发生数偏高，传统商贸批发市场存在聚集问题。城市创新活力一般，城镇新增就业人口中大学（大专及以上）文化程度人口比例较低，全社会 R&D 支出不足，非公经济增长速度一般。

3. 意见建议

完善社区配套设施建设和服务，提升城市品质；加密城市路网，坚持轨道 TOD 引领城市发展；加强城市风险监测预警和防控水平，提升应急事件处置能力；大力发展大数据和生态文旅产业，为城市注入新动能。

第三节　重庆

一、城市自体检结果

1. 取得的成效

生态宜居方面，山水城市特色凸显，自然格局保护良好；健康舒适方面，城市公共服务总体较好；安全韧性方面，韧性城市建设稳步推进；交通便捷方面，道路设施持续完善，轨道交通建设提速；风貌特色方面，山水人文特色鲜明，城市旅游吸引力和活力较高；整洁有序方面，城市卫生环境状况良好；多元包容方面，人群整体包容性较高；创新活力方面，人口和创新要素不断集聚。

2. 存在的主要问题

城市开发强度高，开敞空间不足；公共服务设施类型和空间布局有待优化；内涝、防洪、应急避难等城市安全隐患依然存在；公共交通能力和服务效率有待进一步提升，老旧小区停车矛盾突出；城市文化影响力有待提升；环卫设施布局与邻避效应消除有待优化；应对多元人群的精细化设计有待完善；创新能力和创新环境有待提升。

3. 对策措施

有序开展中心组团降容增绿，完善城市生态绿地体系；结合人口需求与社会发展趋势，构建完善的基本公共服务体系；加强城市危险源的排查预警，提高城市应急服务能力；提升轨道与慢行交通系统，构建适应滨江山地城市的交通体系；加强山水人文资源的保护与复兴，提升城市文化影响力；优化环卫设施布局，消除邻避效应，提升城市整体卫生环境水平；加强应对多元人群的差异化需求，建设多元包容的现代城市；加强外部引入与本土培育，优化创新环境，提升创新活力。

二、第三方城市体检结果

1. 主要成效

生态宜居水平较高。重庆地形地貌独特，城市依山傍水，大疏大密，区域蓝绿空间占比、区域开发强度、城市开发强度均处于适宜水平。绿道密度名列全国第二，重庆的山城步道不仅是联系城市各个功能节点的重要通道，还对改善渝中半岛的微气候大有帮助，是重庆绿色生态体系的重要组成部分；社区配套服务较好。社区便民服务设施覆盖率超过 80%，人均体育场地面积达到 2.01 平方米／人，全国排名靠前；社区养老服务设施、普惠性幼儿园覆盖比例也位于全国中上游；城市旅游竞争力强。重庆山城特色突出，注重文旅品牌营造，国内外游客吸引力在全国体检样本城市中位于较高水平。

2. 存在的主要问题

安全韧性不足，重庆市万车死亡率达到 1.97 人／万车，城市建成区积水内涝点密度达到 0.1 个／平方千米，两项指标结果均明显高于样本城市平均水平。城市建设局部密度较高，建成区高密度住宅和高密度医院占比均在全国前列；交通便捷性不够，重庆市常住人口平均单程通勤时间为 42.64 分钟。近年来随着交通干路网建设，重庆多中心组团的空间布局受到挑战，渝中半岛大量居住人口外迁，建成区内组团之间的交通需求日益增加，长距离出行显著增多，潮汐问题越来越严重；创新活力一般，城市常住人口和户籍人口比例仅为 91%，每万人高新技术企业、非公经济增长率等指标在样本城市中处于下游水平。

3. 意见建议

加强轨道 TOD 建设，合理疏解高密度聚集人口，控制城市无序蔓延；加强老旧小区改造，完善小区配套服务和市政基础设施，建设完整居住社区；加快老旧工业片区转型升级；对传统商圈进行提档升级，增强商圈活力；引导鼓励企业创新，持续优化营商环境。

第四节　成都

一、城市自体检结果

1. 取得的成效

健康舒适方面，公共服务设施与社区便民服务配套完善，养老、幼儿园设施覆盖率较好，人均体育场地面积高，老旧小区改造成效显著；安全韧性方面，交通安全、应急避难、医疗废物处置能力总体相对较好；交通便捷方面，轨道交通加速成网，轨道交通出行比例较高；风貌特色方面，工业遗产利用率较高，国内外吸引力逐年提升；整洁有序方面，公厕覆盖率高、物业服务品质提升显著；多元包容方面，房租房价收入比较为合理，常住人口基本公共服务覆盖率及公共空间无障碍设施覆盖率相对较好。

2. 存在的主要问题

城市安全韧性与应急能力水平有待提升；城市交通状况有待改善；空气、水污染防治仍需重视，生态环境质量有待改善；城市综合管理水平仍需优化，需加强生活垃圾回收利用与生活污水集中收集有，地下管线数据库建设亟须完善；公共服务设施布局仍需优化，品质有待提升；历史文化保护工作仍需加强；小区环境品质及服务品质还需提升，智慧物业系统建设进程相对滞后；无障碍服务水平有待提高；骨干企业竞争力亟待提升。

3. 对策措施

健全城市安全应急体系，全面提高城市发展韧性；构建高效绿色交通网络，完善城市停车管理体制；不断优化城市生态环境布局，持续推进城市污染防治工作；提高城市综合管理水平，建立城市运行长效机制；持续改善社区生活环境，推动社区治理精细化发展；彰显多层次天府文化特色，打造世界一流文化名城；完善城市多元社会保障体系，促进资源均衡共享；坚持科技与创新驱动，持续激发城市活力。

二、第三方城市体检结果

1. 取得的主要成效

完整社区建设取得较好效果，成都市在社区便民服务设施覆盖率、社区养老设施服务覆盖率、普惠性幼儿园覆盖率等分项指标处于样本城市上游；创新活力在西部区域具有优势，城市常住人口户籍人口比例、全社会 R&D 支出占 GDP 比重、非公经济增长率、万人高新技术企业数等指标高于西部同类城市水平；医疗设施服务与环境条件较好，成都建成区城市二级及以上医院覆盖率较高，高密度医院占比较低，好于全国同类城市水平。

2. 存在的主要问题

生态环境质量一般，空气质量优良天数、城市水环境质量优于 V 类比例、公园绿地服务半径覆盖率等指标处于样本城市中下游；交通便捷存在不足，成都市公交机动化分担率为 42%，在西部大城市中处于下游。城市常住人口平均单程通勤时间较长，为 42 分钟，职住平衡有待改善；成都市房价收入比明显高于重庆、贵阳，城镇新增就业人口中高素质人才（大学文化程度）比例不高。

3. 意见建议

深入开展公园城市建设，大力建设绿道网络，串联城市重点片区和公共设施，与居民区无缝衔接；加强水环境治理，对排污企业、重点排口、污水处理设施进行重点排查监管，严格执法；引导绿色出行，推广新能源汽车，有效控制移动污染源增长速度；加快轨道基础设施建设，引导站点 TOD 开发，打造轨道上的城市生活，加强轨道站周边面向中低收入人群和年轻人的住宅供给；推进社区治理创新，实现美好社区共同缔造。

第五节　遂宁

一、城市自体检结果

1. 取得的成效

　　生态宜居方面，15 分钟亲水空间覆盖率达 83.63%，绿化种植垂直投影面积达 35.11 平方千米，全年空气质量优良天数达 341 天，连续五年城市水环境质量优于 V 类比例为 100%，建成城市绿道 194.04 千米，2019 年底完成 24.2 平方千米用地的海绵改造（改造率达到 28.09%）；健康舒适方面，社区便民服务设施全覆盖、社区养老服务设施覆盖率较高；安全韧性方面，城市交通安全、生产安全稳步提升，社会治安管理加强，市民安全感增强。内涝有效改善，污染持续削减；交通便捷方面，贯彻公交优先发展战略，城市绿色出行渐成主流；风貌特色方面，保护工业遗产核心价值、体现纺织工业风貌；整洁有序方面，2019 年新建公共厕所 32 座，改建公共厕所 102 座；多元包容方面，基本住房保障覆盖率达 29.30%，城市义务教育达到全覆盖、城市基本医疗保障覆盖率达 99%，稳步推进低保事业建设。

2. 存在的主要问题

　　生态宜居方面，公园城市建设稳步推进，但公园绿地均衡性仍有待完善；舒适健康方面，社区服务设施和医疗设施均衡布局需持续完善，建设力度有待加强；安全韧性方面，应对公共安全事故能力有待提升，医疗废物处理压力逐渐显现；交通便捷方面，建成区静态交通有待完善，交通分流引导能力仍需加强；整洁有序方面，生活垃圾分类体系有待完善，管网改造及体系建设力度需进一步加强；多元包容方面，房价收入比呈上涨态势；创新活力方面，民营经济增速放缓，创新领域与就业环境有待改善。

3. 对策措施

　　生态宜居方面，坚持生态筑基理念，优化生态格局，塑造多样城市形态，加快公园城市建设；健康舒适方面，进一步加强基础服务设施建设，统筹推进教育、医疗、体育事业发展，全民共享社会经济发展成果；安全韧性方面，加快推进避难场所、医疗等应急公共服务设施的建设；交通便捷方面，大力发展绿色、智慧交通，转变城市交通发展模式，制定多元停车模式；整洁有序方面，加大环境卫生设施建设力度，加快完善政策支撑体系；多元包容方面，引导房地产市场健康发展，构建多元化住房市场体系；创新活力方面，加强城市特色建设和非公经济扶持力度，提升城市集聚能力，保障经济活力，重视基础研究领域投入，保证可持续发展。

二、第三方城市体检结果

1. 主要成效

生态宜居方面，城市蓝绿空间比例为 80.1%，在样本城市中名列第二；城市人口密度及城市开发强度等指标均处于样本城市末五位；健康舒适方面，人均社区体育场地面积为 0.4 平方米，位居样本城市前三；建成区高层高密度居住区用地面积占居住用地面积的比例最低，为0.3%；建成区二级及以上综合医院覆盖率为 33.3%，处于较低水平；交通便捷方面，遂宁市在居住区停车泊位与小汽车拥有量的比例，位居样本城市首位，建成区高峰时间平均机动车速度指标，位居样本城市前五位内；多元包容方面，相比同等人口规模城市，遂宁市房租收入比及房价收入比均处低位。

2. 存在的主要问题

社区服务仍有较大的提升空间；城市在市容环境和市容综合管理方面仍需努力；城市历史文化传承不足；遂宁市城市创新能力、产业活力一般。

3. 意见建议

完善社区服务设施，提高城市品质；完善城市市容综合管理工作，促进城市有机更新；重视城市风貌特色，加快推进休闲旅游转型升级；加强高新技术活力，提振城市发展活力。

第十二章

西北地区城市

西安市住房和城乡建设局供图

西安市住房和城乡建设局供图

西安市住房和城乡建设局供图

兰州黄河生态旅游开发集团有限公司供图

兰州黄河生态旅游开发集团有限公司供图

兰州建设投资（控股）集团有限公司供图

黎晓刚 摄影

黎晓刚 摄影

黎晓刚 摄影

第一节　西安

一、城市自体检结果

1. 取得的成效

健康舒适方面，社区便民配套较好，西安市拥有菜市场或生鲜超市、餐饮设施、便利店、便民超市、社区商业服务网点、快递点等完整便民服务设施的小区占比为78%；社区养老服务设施的覆盖率为86%；人均体育场地面积为1.91平方米，高于全国平均水平；风貌特色方面，在节假日国内外游客量数据表现良好，游客总增长百分数、外国游客总增长量以及旅游总收入增长量均为全国较高水平；创新活力方面，西安目前常住人口961.35万人，大于户籍人口956.74万人，且常住人口中大部分来自15~64岁人群。

2. 存在的主要问题

空气质量问题突出，2019年西安市空气质量优良天数为225天；城市安全韧性不足，人均避难场所面积指标较小，人均城市大型公共设施具备应急改造条件的面积偏低，传统商贸批发市场聚集程度较高（95.4%），消防救援5分钟可达覆盖率52.5%，指标偏低；历史文化保护欠佳，西安市认定的历史文化街区较少，城市历史建筑平均密度为0.08个/平方千米，指标偏低，部分历史建筑尚未完成挂牌工作。

3. 对策措施

推广清洁能源和综合垃圾处理技术，加强机动车排气污染治理和扬尘防治，落实国土空间规划中绿地与广场用地；加快应急避难场所评定，高标准建设应急避难场所，推进公共设施平战两用改造，提高城市应对重大突发公共卫生事件的能力；持续加强商贸流通领域安全监管工作；加快消防体系建设，明确管理职责，强化联勤联训；加强历史文化保护、认定和活化机制，制定历史文化街区保护管理条例，建立长效历史风貌建筑认定与活化保护；全面开展城市设计，加强城市风貌管控。

二、第三方城市体检结果

1. 主要成效

健康舒适方面，西安市社区便民服务设施覆盖率在样本城市中处于上游水平，社区便民服务设施建设情况良好；多元包容方面，西安市常住人口基本公共服务覆盖率处于样本城市上游位置。在住房方面，房租收入比以及房价收入比基本得到控制；创新活力方面，西安市年度全社会实际用于基础研究、应用研究和试验发展的经费支出占国内生产总值的比例为4.8%，位于样本城市首位，以中小微企业万人比及服务业企业万人比来看，西安市均居样本城市上游水平。

2. 存在的主要问题

城市环境污染问题仍需关注，生态环境建设仍需加强；社区卫生服务及体育场地建设不足，城市居民健康服务亟须完善；城市灾害应急基础设施建设不足，城市安全存在短板；城市居民通勤时间较长，城市交通系统建设不足。

3. 意见建议

持续关注城市环境污染问题，坚持生态环境治理工作；完善社区健康服务，关注城市居民健康生活；完善城市灾害应急基础设施建设，推进城市安全发展；完善城市交通系统建设，疏通城市发展"血脉"。

第二节　兰州

一、城市自体检结果

1. 取得的成效

生态宜居方面，自然本底条件优良，生态环境不断改善。空气质量优良天数为296天；城市水环境功能区达标率已达到100%；黄河兰州段湿地系统实现了良性循环，水体岸线自然化率达到93.87%；山水空间服务半径覆盖率和公园绿地服务半径覆盖率分别达到93.73%和80.16%；多元包容方面，民生服务保障完善。重点提升社区综合服务设施的建设，社区便民服务设施覆盖率达到96.42%；城市二级及以上医院覆盖率达到93.93%；基本医疗保障、义务教育、基本住房保障等已基本实现全覆盖；交通便捷方面，城市发展绿色低碳，公交都市成效突出。居民公共交通出行分担率达到68.3%；慢行交通出行分担率较高，步行及自行车出行占比45%。

2. 存在的主要问题

城市居住环境品质不高，人口和社会经济活动过分集聚引发交通拥堵；老旧小区建筑和配套设施老化、市政设施不完善、环境脏乱差等问题较多；城市建设表现出无序、高强度开发趋势，综合医院建设密度较高，影响就医环境品质；城市安全性和韧性建设不足，城市缺乏系统的综合防灾体系建设，预留避难场所较为紧缺，城市大型公共设施及具备应急改造条件的面积较少，城市突发事件应急能力较弱，城区仍存在内涝安全隐患；城市历史文化和历史文脉保护不佳，历史文化街区保存完整度较低；城市历史建筑调查和保护不足，历史建筑平均密度相对较低，工业遗产的再利用价值开发程度较低。

3. 对策措施

提升"黄河风情线"生态品质和景观风貌，加强黄河沿岸绿道建设，保护修复山体与黄河之间的支流水渠，强化以黄河为主轴的蓝绿网廊建设；打造低碳产业体系，发展低碳城市交通，开展既有建筑节能绿色化改造，推动能源结构转型；优化慢行路网，优化改造交叉口，改善慢行交通环境；构建多层级生活服务设施体系；提高老旧小区综合整治改造标准，拓展资金筹措方式，推行组团式集中连片管理；加快城市防灾空间和设施建设；强化特色文化街区的保护与利用；加强工业遗产的资源认定管理，推进重点保护展示，完善工业博物馆体系。

二、第三方城市体检结果

1. 主要成效

城市绿色出行方面，兰州市公共交通出行量占机动化出行总量的比例达到 75.9%，位居样本城市首位。城市风貌特色方面，兰州市工业遗产密度达到 1.47 个/平方千米，工业遗产活化利用率较高，均位居样本城市首位。城市整洁有序方面，兰州城市生活污水集中收集率达到 90%，位居样本城市首位；建成区公厕设置密度为 4.2 座/平方千米，高于中国人居环境奖要求；城市各类管网普查建档基本做到了全覆盖。

2. 存在的主要问题

城市人口过度集聚，城市功能布局不均衡；城市老旧小区较多，城市更新任重道远；城市综合防灾体系建设不足，安全韧性建设存在短板；城市路网密度不高，城市交通系统建设亟待提高；城市创新活力不足，人才建设力度仍需加强。

3. 意见建议

科学规划城市功能布局，缓解中心城区承载力；全面推进城镇老旧小区改造，提高城市可持续发展能力；系统性推动城市综合防灾体系建设，提高城市安全韧性；加快交通基础设施建设，减缓城市交通拥堵问题；加强人才建设力度，提振城市产业活力。

第三节　银川

一、城市自体检结果

1. 取得的成效

生态宜居方面，城市绿化面貌与生态环境质量高。建成区绿化覆盖率、绿地率、人均公园绿地面积等指标均高于中国人居环境奖要求，其中公园绿地服务覆盖率达到 87.2%；空气优良天数达 324 天，位于样本城市前列；人均公共服务设施用地面积达 26.64 平方米；2018年银川市成为全国供应链创新与应用试点城市，2019 年建有菜篮子生鲜便利店 269 家；安全韧性方面，城市防灾韧性有所提升，三年累计完成 27 处城市积水点改造，人均应急避难场所达 2.07 平方米，高于城市一级应急避难场所标准。市容环境整洁，城市卫生环境质量高，餐厨垃圾集中收集及无害化处理率达到 95% 以上，生活垃圾分类示范小区居民参与率达到40%，生活垃圾回收利用率达到 25%。城市多元包容，常住基本公共服务覆盖率 81.51%，基本养老保险参保率 94.6%，基本医保参保率 96.1%，义务教育覆盖率 100%，均达到国家要求水平之上；城市盲道设施率 96.7%，无障碍卫生间设置率 85%，达到较高水平；坚持义务教育全纳原则，基本实现随迁子女平等接受义务教育，保障享受同城待遇。创新平台建设初见成效。

2. 存在的主要问题

水环境质量改善任务艰巨，城市开发强度与人口密度较低，建设用地集约利用水平有待提升；社区公共服务设施尚存短板，缺乏优质公共资源；应对公共卫生事件能力有待提升；道路资源配置和路网结构不合理；老城区停车设施不足，无序停车影响道路通行率；城市特色不突出，存在千城一面现象；整洁有序方面，道路设施养护缺乏统一调度；多元包容方面，服务水平和质量需提升；创新环境仍面临困难。

3. 对策措施

加强城区建设强度的控制与引导，优化城市开发模式；坚持生态优先原则，优化城市生态防护体系；充分挖掘老旧小区闲置资源潜能，建设完整社区；倡导绿色交通优先原则，推进公共交通服务提升；优化城市路网结构，加强停车供给需求管理；落实文化引领城乡资源配置，完善历史文化名城保护制度；加强市政设施规划统筹，杜绝"马路拉链"现象；营造创新环境，集聚创新生产要素。

二、第三方城市体检结果

1. 主要成效

生态宜居方面，生态环境质量整体较好。全市全年空气质量优良天数为 328 天；健康舒适方面，银川市辖区人均健身场地面积达到 4 平方米，在样本城市中名列前茅；交通便捷方面，银川市辖区建成区高峰时段各类道路、各类机动车的平均行驶速度达到 29.6 千米 / 小时，位于样本城市首位。城市道路网密度为 6.6 千米 / 平方千米，在同等人口规模城市中处于上游水平；多元包容方面，常住人口基本服务保障率较高，城市基本公共服务已覆盖的常住人口比例为 65.3%。银川房租收入比为 16.5%，房价收入比为 7.29；创新活力方面，每万人中，中小微企业数、服务业企业数分别为 718 家及 164 家，均居样本城市上游水平。

2. 存在的主要问题

社区设施配套不足，完整居住社区建设亟待加强；城市历史文脉保护不足，城市风貌特色存在短板；城市精细化管理不足，管网普查建档进度缓慢；城市高新技术产业活力较弱，城市产业升级亟须加速。

3. 意见建议

完善社区配套设施建设，推进完整居住社区建设；重视城市历史文脉保护，丰富城市风貌特色；关注城市地下空间管理，促进城市精细化建设；以高新技术补齐城市创新活力短板，助力产业升级转型。

第四节　西宁

一、城市自体检结果

1. 取得的成效

生态宜居方面，生态环境治理成效显著，城市绿色发展建设持续向好。城市绿道密度 3.9 千米 / 平方千米；空气质量优良天数为 301 天，连续五年位居西北省会前列；城市水环境质量优于 V 类比例达 100%；多元包容方面，基本服务设施稳固提升。西宁市常住人口基本公共服务覆盖率达 98.67%，基本实现义务教育、医疗卫生、养老服务等基本公共服务均等化；城市最低生活保障标准从 2018 年 503 元 / 月提高到 583 元 / 月；公共空间无障碍设施覆盖率从 2018 年 76.95% 提升至 77.85%；交通便捷方面，公共交通绿色出行占比较高。公共交通出行分担率为 65.2%，建成区公交站点覆盖率达 100%。

2. 存在的主要问题

区域与城市整体开发强度高，在"十字川道"交汇处高度聚集，高层高密度住宅用地占比已逼近北京、深圳、上海、广州等城市水平；历史文化资源普查和保护力度较薄弱，城市历史建筑、传统民居环境与本体保护完整性低，工业遗存保留活化利用率较低；城区传统农贸市场聚集程度高，城市医疗废物处理能力冗余度一般，人均避难场所面积未达国家规范标准；社区宜居程度有待提升，养老服务设施存在缺口；人才吸引力不足，企业研发投入水平整体偏低，全社会 R&D 支出占 GDP 比重低于银川、成都等城市。

3. 对策措施

加强市区建设强度管控与引导，巩固生态环境治理成效，推动产业转型升级，构建绿色发展样板城市；加强社区基本公共服务设施建设，推进老旧小区改造；倡导绿色出行，优化停车配给与智能化管理；加强历史文物保护，活化历史文化资源，文旅融合彰显特色河湟文化名片；健全城市应急管理体系，提高基础设施标准，平灾结合强化城市防灾减灾能力；强化人才支撑，优化营商环境，加强创新创业服务。

二、第三方城市体检结果

1. 主要成效

生态宜居方面，西宁市空气质量明显得到改善，全年空气优良天数达到 344 天，位于样本城市前列；城市绿道密度达到 3 千米/平方千米，位居样本城市前三。社区养老方面，西宁市社区养老服务设施覆盖率为 76%，位居样本城市首位。绿色出行方面，西宁市公共交通机动化出行分担率为 73%，位于样本城市上游水平；多元包容方面，对比同等规模城市，西宁市住房价格基本得到控制，房价收入比及房租收入比基本处于合理区间。

2. 存在的主要问题

城市开发强度较高，城市功能布局不均衡；社区设施建设存在短板，便民服务设施建设不足；城市防灾基础建设存在短板，地下空间关注不足；城市交通系统性不足，城市交通较为拥堵；城市历史文化资源保护、活化利用不足；城市创新活力存在短板，高新技术产业发展较慢。

3. 意见建议

注重城市系统性发展，科学有序推进城市中心区功能疏解；优化社区便民服务，提升群众幸福感；提升城市地下空间管理水平，补齐城市安全短板；完善城市交通体系系统性，完善城市交通多式联运能力；加大城市历史文脉保护力度，推进历史建筑挂牌工作。

第五节 乌鲁木齐

一、城市自体检结果

1. 取得的成效

区域开发强度为 10.13%；城市水环境质量优于 V 类比例为 100%；公园绿地服务半径覆盖率为 82.26%。新建建筑中绿色建筑占比 100%；城市安全管理水平较高。2019 年城市建成区无内涝点，交通事故万车死亡率为 1.17 人/万车，无重大安全事故发生。二级及以上医院覆盖率为 75.85%，医疗废物处理能力较强；城市交通管理工作取得成效。建成区高峰时间平均机动车速度为 30.64 千米/小时，城市常住人口平均单程通勤时间为 0.51 小时，公共交通出行分担率为 60%；城市旅游吸引力强，旅游人次及旅游收入逐年增长；城市包容度较高，社会保险覆盖率为 94.39%，医疗参保率 97.75%，义务教育入学率 100%，保障性住房覆盖率 100%；房租收入比 21.46%，房价收入为 7.02，处于适宜水平。

2. 存在的主要问题

蓝绿空间占比和空气质量优良天数不高，城市绿道建设不足；社区养老和便民服务设施覆盖不足，社区卫生服务中心门诊分担率不高、综合型医院高密度医院占比偏高；人均避难场所面积偏低、可供改造的大型公共建筑偏少，传统商贸批发市场在城市中心区聚集程度偏高；城市道路网稀疏，停车泊位供给不足；城市缺乏创新活力，全社会 R&D 支出占 GDP 比重、非公经济增长率、万人高新技术企业数等指标均处于较低水平。

3. 对策措施

推进大气污染防治工作，改善区域环境空气质量；优化城市空间结构，深挖城市发展与人口容纳空间潜力，串联城市绿色空间与人文空间；重视社区便民服务设施建设，打造便民消费圈；加强基层医疗卫生力量，提升医院诊疗服务质量；增加城市公厕配置，加强垃圾分类工作，提升居住小区专业化管理水平，营造良好居住环境；因地制宜，增强交通基础设施供给，推进城市公共交通优先发展；做好人才吸引工作，支持鼓励企业研发创新，加大高新企业支持力度，鼓励扶持民营企业发展。

二、第三方城市体检结果

1. 主要成效

住宅、医院聚集度较低，有益城市公共卫生事件防控工作。乌鲁木齐市辖区建成区内，高层高密度住宅用地占比仅为 4.9%，高密度医院占比仅为 10.3%，在样本城市中均处于下游位置；安全韧性方面，人均避难场所较为充足。乌鲁木齐人均避难场所面积位于样本城市中上游水平，城市二级及以上医院覆盖率为 67.8%；乌鲁木齐建成区高峰时间平均机动车速度较高，位于样本城市第四位，城市常住人口平均单程通勤时间为 38.5 分钟，低于 40 分钟标准。与同等人口规模城市对比，公共交通机动化出行分担率为 53%，处于上游水平；多元包容方面，城市住房压力较小，乌鲁木齐房租收入比及房价收入比均得到较好控制。

2. 存在的主要问题

城市开发强度较低，城市各类生态要素保护存在短板；城市历史文化传承不足，城市游客吸引力一般；城市高新技术产业发展缓慢，城市创新活力亟须增强。

3. 意见建议

关注城市各类生态环境要素保护，创建生态宜居城市；关注城市风貌塑造与城市历史文化传承，增强城市吸引力；贯彻国家相关政策，提振城市活力。

附录

附录 1　2020 年城市体检指标和方法

一、指标变更情况

1. 2019 年指标设计情况

2019 年，全国城市体检在 11 个试点城市开展，指标体系设计在广泛征求国家发展和改革委、教育部、公安部等 13 个部门（委）和吴良镛院士等专家意见建议基础上，住房和城乡建设部研究建立了开放型的城市体检指标体系框架。该指标体系框架对应新发展理念和城市人居环境高质量发展内涵要求，重点包括生态宜居、城市特色、交通便捷、生活舒适、多元包容、安全韧性、城市活力 7 大方面内容。

该指标体系区别于传统的达标型指标体系，在导向上强化贯彻新发展理念和突出群众关注的热点，在选项上重视信息数据的客观性和易获得性。各试点城市可根据本市实际调整指标，增加体检内容，建立既体现国家要求又反映城市特点的 36+N 项（N 为特色指标项）的城市体检指标体系。

2. 2020 年指标变更情况

2020 年，全国城市体检城市扩大为 36 个样本，指标体系的设计要求更加具有普适性和通用性，城市的特色指标设计宽容性要求也更大。因此在 2019 年 7 大维度的基础上，将"生活舒适"维度调整为"健康舒适"和"整洁有序"，通用二级指标从原来的 53 个删减为 50 个。

最终，在住房和城乡建设部城市体检专家指导委员会的指导下，第三方城市体检团队认真研究 2020 年国务院政府工作报告等文件，经多方调研，综合考虑防疫情、补短板的重大需求，在 2019 年城市体检指标的基础上，建立了生态宜居、健康舒适、安全韧性、交通便捷、风貌特色、整洁有序、多元包容、创新活力八个一级指标（附表 1-1）和 50 个二级指标（附表 1-2）。

城市体检一级指标　　　　　　　　　　　　　　　附表 1-1

序号	指标名称	指标解释
1	生态宜居	反映城市的大气、水、绿地等各类环境要素保护情况，城市人口与土地等资源要素的空间协调发展情况，城市绿色建设和居民综合服务便利水平，资源集约节约利用情况
2	健康舒适	主要反映一个城市是否能够达到幼有所育、学有所教、劳有所得、病有所医、老有所养、住有所居、弱有所扶

续表

序号	指标名称	指标解释
3	安全韧性	反映城市对地震、暴雨、台风、火灾等灾害的风险防御水平和灾后的快速恢复能力，城市生活的安全水平
4	交通便捷	反映城市交通的便捷性，公共交通的通达性和便利性、交通拥堵情况等
5	风貌特色	反映城市历史文化名城保护体系建设、城市风貌塑造以及地域特色传承延续
6	整洁有序	反映城市市容市貌是否整洁，城市社区管理水平、老旧小区改造情况等
7	多元包容	反映对城市老年人、残疾人、外来务工人员及国际人口等不同人群和文化的尊重和设施服务程度
8	创新活力	反映的是一个城市是否具有旺盛的生命力和充足的可持续发展能力

城市体检社会满意度指标体系

附表 1-2

一级指标	二级指标	一级指标	二级指标
生态宜居	城市公园绿地建设	健康舒适	城市体育场地
	城市亲水空间建设		城市综合医院
	城市公共开敞空间		城市大型购物中心等设施
	城市建筑密度		社区超市、便利店等日常便民购物设施
	空气污染		社区养老设施
	水体污染		社区普惠性幼儿园
	噪声污染		社区卫生服务中心
	城市山水风貌保护		社区道路、健身器材等基础设施维护水平
风貌特色	历史街区保护		老旧小区改造水平
	历史建筑与传统民居的修复和利用		社区邻里关系
	城市标志性建筑	交通便捷	步行环境
	城市景观美感		骑行环境

续表

一级指标	二级指标	一级指标	二级指标
风貌特色	城市文化特色塑造	交通便捷	公共交通出行
	社会治安		道路通畅性
安全韧性	道路交通安全		小汽车停车
	紧急避难场所		上下班路上花费时间
	消防安全	创新活力	城市工作机会
	传统商贸批发市场秩序		所在城市是否适合开公司、做生意
	所在城市房价的可接受程度		城市开公司、办企业、做买卖的政策环境
	所在城市房租的可接受程度		人才引进政策
多元包容	城市对外来人口的友好性		小区垃圾分类水平
	城市对国际人士的友好性		小区物业管理
	城市对弱势群体的关爱性	整洁有序	道路和市容保洁水平
	城市最低生活保障水平		公共厕所设置及卫生状况
	城市社会保险保障水平		
	城市无障碍设施		

二、指标设计说明

1. 评估体系设定意图

依托住房和城乡建设部确定的生态宜居、健康舒适、安全韧性、交通便捷、风貌特色、整洁有序、多元包容、创新活力八大板块对城市发展状况展开评价，对城市的竞争优势和短板弱项进行梳理，并提出相应治理措施，以改善城市人居环境水平和提高城市工作水平，是设定城市体检评估体系的基本遵循。此外，在工作开展过程中还需注意以下两个方面：

一是要与城市当地发展的实际情况相结合，采用"对标找差"的方式，明确城市体检工作各个方面在各自城市中的重点。如重庆市城市体检指标体系基于已经开展的《城市提升行动计划》，城市的"四化"愿景和居民诉求两方面，强化重庆城市意象吸引力、地域人文记忆度、景观格局辨识度、城市空间品质感；济南市注重体现城市总体规划中的城市发展定位，围绕建设"大强美富通"现代化国际大都市总体目标，开展城市体检指标体系的构建。

二是要从以现阶段城市发展中的目标和问题为导向，逐步确立指标体系搭建的原理机制和内在逻辑。如广州市以"解决城市病"为切入点，全面梳理归纳目前城市发展所面临的"城市病"，覆盖"城市病"种类，以此为基础搭建城市指标体系；武汉市围绕城市建设和管理的运行规律，从感知能力、认知能力、行动能力、治理能力4个维度开展城市体检工作，探索构建"监测－诊断－治疗"的城市体检闭环工作体系。

2. 指标体系设计方法

基于住房和城乡建设部下发的八大板块，50项指标，可结合城市自身发展需求增加本地化特色指标，形成"50+N"项指标体系。在指标筛选设计中需遵循以下几大原则：

（1）科学性原则

科学性是指标体系构建的最重要目标，甚至可以说是唯一的目标，指标体系的科学性与否直接决定了评价结果的科学性、可信性与可靠性。数据来源可追溯，填报部门提供原始数据；计算方法可追溯，能够经得起科学推敲；计算结果可追溯，计算过程和结果详细化。

（2）目的性原则

指标是目标的具体化描述。因此，评价指标要能真实地体现和反映评价的目的，能准确刻画和描述对象系统的特征，要涵盖为实现评价目的所需的基本内容。同时，评价指标也要为评价对象和评价主体实现评价目的或提高评价目标提供努力和改进的方向，即评价指标在体现评价目的的基础上也应具有一定的导向性。

（3）可操作性原则

主要体现在三个方面：一是指标具有可采集性，指的是选取指标时要充分考虑指标获取的难易程度与数据的可获得性，有可靠的获取途径，填报部门能够获取并填报相关数据；二是指标的可量化性，指标体系的构建要以客观指标为主、主观指标为辅，指标计算方法明晰，以定量指标为主；数据来源多样化，多种数据格式和图表，为开展量化测评奠定基础；三是指标的代表性，应能较全面反映某个方面的总体发展水平。

（4）全面性与层次性相结合原则

城市是个复杂的巨系统，城市的建设涉及环境、社会、经济等多个方面，在构建城市体检评价指标体系时也应充分考虑城市发展的各个维度，保证城市体检工作的全面性与准确性。同时，每个指标要内涵清晰、尽可能地相互独立，同一层次的指标间应尽可能地不相互重叠，不相互交叉，不互为因果，不相互矛盾，上下级指标保持自上而下的隶属关系。指标按照计算方法能够分解为各个子项，根据事权管理确定各填报部门，由填报部门进一步在空间上分解到各区、街道。

3．指标内涵界定

在住房和城乡建设部下发的指标内涵与计算方法上，各城市依据自身情况可对指标的内涵与计算方法进行适当调整。一是可结合自身城市发展的定位，对指标的内涵进行重新阐释与理解，如广州市针对"城市各类管网普查建档率"指标，由原来的建成区内已开展管网普查变为全市域范围内的管网普查，对于城市的发展状况提出更高的要求；二是可根据指标数据的可获得性，对指标数据的内涵与来源重新界定，如呼和浩特市在开展城市体检工作之前，针对各部门统计口径和资料获取的实际可操作性，将其中的 14 项指标通过指标定义替代、抽样调查替代、近似比例替代等方法进行程度不一的调整；三是对于新增的特色指标，在论证其合理性和必要性后，需界定具体的指标含义、计算方法、指标数据来源与数据分析方法。

三、数据采集、整理与校核

1．采集渠道

城市体检工作由城市的党委政府主导，具有公共管理属性。因此，数据采集应以政府部门数据为主，辅以满意度调查数据、大数据、相关研究数据等相互校核，每个指标并不限定仅一类数据采集渠道，推荐多源采集同时进行，为后期数据校核、补充完善提供基础。

（1）政府部门数据：主要包括统计数据，如统计年鉴、经济普查结果、人口普查结果、体育场地普查结果等；调查监测数据，如第三次全国国土调查数据、空气质量监测点数据、水质监测点数据等；政府部门业务数据，如核发建设工程规划许可证的用地分布和建筑面积、法人营业执照登记数量、机动车保有量等；以及政府部门工作总结、报告。此类数据可靠详实、获取稳定、易溯源。

（2）满意度调查数据：主要包括试点城市社会满意度问卷调查数据、行业专项调查数据、抽样调查数据、访谈调查数据等。调查数据具有宏观性、趋势性等特点，针对性较强，能从市民的主观感受反映问题。

（3）大数据：主要为遥感卫星影像数据、网络开源大数据（如大众点评网的餐饮业评分数据、在线地图 POI 数据、出行云平台的交通出行大数据、地产中介网的租房信息等）、手机信令数据。大数据类型繁多、体量巨大、数据价值密度相对较低，须经过深度加工才能用于城市体检指标测算与校核。

（4）专业机构发布的研究数据：各行咨询公司、社会科学院、高校等智库以及世界组织发布的专业研究报告，具有较高的准确性和参考价值。如百度地图联合清华大学等机构发布的《2020 年度中国城市交通报告》包含多数城市交通数据。

2．数据整理

采集的数据可分为 2 类——矢量数据、非矢量数据。

非矢量数据应先按照常规统计学方法整理为可直接用于指标测算的数据形式。对于社会公众调查数据，应按标准化处理形成无量纲的得分数据，在社会公众调查问卷回收后对 5 种满意程度的各选项分别赋值 100 分、80 分、60 分、40 分和 20 分。

应根据体检工作空间尺度要求，将矢量数据用于构建矢量数据底图，划分市－区、县－街道、乡镇－社区－住区尺度的边界，落点公共服务设施、内涝点、公园绿地等空间信息，并将非矢量数据按相应的空间尺度逐一匹配，包括每个街道的常住户籍人口、常住流动人口、青年人口等。

推荐借助 GIS 软件，以数据库的形式构建整理而成的数据，将矢量、非矢量数据链接为一个整体。

针对 2020 年第三方城市体检的八类一级指标，其主要数据源如下：

生态宜居：以遥感影像大数据、政府公开信息为基础，数据来源单位包括数城未来、百度、联通智慧足迹、蔚蓝地图。

健康舒适：以自采集社区 POI 数据、自采集社会调查数据为主，结合部分政府数据。

安全韧性：基于遥感数据人工智能算法以及社会调查自采集数据，数据来源单位包括数城未来、中国安全生产科学研究院。

交通便捷：交通数据主要来源于高德、联通智慧足迹、智库 2861 和社会调查自采集数据。

风貌特色：结合社会大数据、遥感影像历史数据，数据来源单位包括数城未来、百度、联通智慧足迹、智库 2861。

整洁有序：数据来源单位包括数城未来、智库 2861、社会调查自采集数据、政府数据。

多元包容：综合基于社会大数据的空间分析算法，数据来源单位包括数城未来、智库 2861、社会调查自采集数据。

创新活力：数据来源单位主要为智库 2861、联通智慧足迹等。

3. 数据校核

数据校核方式多样，例如：（1）通过政府职能部门提供的数据、网络开源大数据和社会公众调查数据相互校核，修正错误或互为补充形成更完善的指标数据；（2）对比其他城市同一指标值，如与多个其他城市相比偏离太多则应检查数据的真实性；（3）对比指标往年历史数据，如明显偏离既往数据趋势，则应检查数据准确性。

四、社会满意度调查

1. 社会满意度调查的意义

随着我国社会经济发展水平的不断提升以及城镇化进程的加快，当前我国常住人口城镇化率已经达到 60%，城镇居民的日常需求也开始从"温饱型"向"品质型"跃迁，如何建设高品质的人居环境已经成为城市发展的重要议题。2013 年的中央城镇化工作会议，作出以人为核心的新型城镇化战略部署；2018 年习近平总书记在庆祝改革开放 40 周年大会上指出，必须坚持以人民为中心，不断实现人民对美好生活的向往；国家发展和改革委员会《2019 年新型城镇化建设重点任务》再次强调"加快实施以促进人的城镇化为核心、提高质量为导向的新型城镇化战略"，明确"以人为核心"是城市发展和建设的本质。

金杯银杯不如百姓口碑，"以人为核心"的城市建设离不开对居民实际需求和真实感受的关注，在本次城市体检中引入社会满意度调查评价是对"以人为核心"思想的重要体现。社会满意度评价作为人居环境研究领域重要的研究手段，主张从以人为本视角出发，获取居民对城市体检各领域的主观感知评价，来揭示实体城市建设与居民个体需求的互动规律，与传统客观评价的单一视角互为补充，从而达到改善区域人居环境和服务民生的目的。本次城市体检的社会满意度评价工作将建立一套城市体检主观评价指标体系，通过问卷调查手段获取满意度评价数据，为各试点城市发展现状进行把脉。

2. 满意度评价指标体系设计

根据本次第三方城市体检社会满意度评价的目标和要求，结合研究团队多年来在人居环境满意度调查工作中积累的经验，本次满意度评价指标体系的设计遵循两个主要原则：

（1）全面性与层次性相结合

城市是一个复杂的巨系统，适宜的城市人居环境应当是宜人的自然生态环境与和谐的社会和人文环境完整的统一体，满意度评价体系的设计应当体现对居民城市生活各个维度的全面关切。同时满意度评价指标的设计并不是对所有单个指标的简单罗列，还应体现不同指标组合的层次性，由宏观到微观层层深入，便于从不同层次为城市发展把脉。

（2）主观与客观评价指标体系相对应

主观评价与客观评价是互为补充的城市体检双视角。主观满意度是对人居环境客观建设情况的反映，而客观指标是提升主观满意度的现实抓手，因此满意度评价指标的设计将对标客观评价的八大一级指标和 50 个二级指标，根据问卷调查的需要对部分指标进行合理的分解或调整。

经过科学合理的设计，本次人居环境满意度评价指标体系包含生态宜居、风貌特色、安全韧性、多元包容、健康舒适、交通便捷、创新活力、整洁有序共八大一级指标，在一级指标下共设 50 个二级指标，涉及城市居民生活的多个方面（附表 1-3）。

此外还调查采集了受访者基本属性特征、行为习惯、对不同人居环境要素维度的重视程度、生活认同感归属感评价等信息。

城市体检社会满意度指标体系

一级指标	二级指标	一级指标	二级指标
生态宜居	城市公园绿地建设	健康舒适	城市体育场地
	城市亲水空间建设		城市综合医院
	城市公共开敞空间		城市大型购物中心等设施
	城市建筑密度		社区超市、便利店等日常便民购物设施
	空气污染		社区养老设施
	水体污染		社区普惠性幼儿园
	噪声污染		社区卫生服务中心
	城市山水风貌保护		社区道路、健身器材等基础设施维护水平
风貌特色	历史街区保护		老旧小区改造水平
	历史建筑与传统民居的修复和利用		社区邻里关系
	城市标志性建筑	交通便捷	步行环境
	城市景观美感		骑行环境
	城市文化特色塑造		公共交通出行
	社会治安		道路通畅性
	道路交通安全		小汽车停车
安全韧性	紧急避难场所		上下班路上花费时间
	消防安全	创新活力	城市工作机会
	传统商贸批发市场秩序		所在城市是否适合开公司、做生意
	所在城市房价的可接受程度		城市开公司、办企业、做买卖的政策环境
	所在城市房租的可接受程度		人才引进政策
	城市对外来人口的友好性	整洁有序	小区垃圾分类水平
	城市对国际人士的友好性		小区物业管理
多元包容	城市对弱势群体的关爱性		道路和市容保洁水平
	城市最低生活保障水平		公共厕所设置及卫生状况
	城市社会保险保障水平		
	城市无障碍设施		

3. 调查实施方案

（1）调查范围

本次满意度评价调查面向天津、上海、重庆、广州、武汉、哈尔滨、沈阳、成都、南京、西安、长春、济南、杭州、大连、厦门、石家庄、太原、呼和浩特、合肥、福州、郑州、长沙、南宁、海口、昆明、贵阳、兰州、银川、西宁、乌鲁木齐、洛阳、衢州、赣州、景德镇、黄石、遂宁市共 36 个城市展开。

（2）调查对象

调查对象主要为 16 周岁以上的本地常住人口，即相对稳定居住半年以上的居民，不包括短期停留或旅游、务工不足半年的群体，因为只有稳定居住一定时间，才能对所居住城市环境有一定的了解和认识，对这些人群的调查，才能反映出城市真实建设状况。为了确保调查数据的可靠性、准确性、代表性和广泛性，在调研开展前和调研过程中，通过等比例分层抽样、交叉控制配额抽样等多种抽样方式，控制受访者的总体样本特征，保证受访者总体的空间分布、性别、年龄、职业、收入水平等覆盖范围全面且结构合理。调查范围和城市体检范围一致，以城市化区域为主。

调查形式为线上问卷调研，由社区管理员首先按照实际小区数量，针对本人所负责的每个小区，分别填报社区管理员问卷，再由社区管理员邀请本社区居民回答满意度问卷。问卷收集通过"城市体检信息自采集平台"进行。

问卷调查于 2020 年 7 月底到 8 月 20 号之间开展（乌鲁木齐于 11 月补充调研完毕），累计发放 32 万余份线上问卷。其中沈阳获取居民问卷 6.9 万份、福州居民问卷 3.4 万份，南京、上海、昆明、太原、天津、重庆居民问卷超万份。

4. 样本清洗方案

通过对各城市原始数据进行分析，发现存在较大的样本属性偏差，例如，（1）女性偏多，沈阳等城市女性样本超过 70%；（2）经济属性高于真实人口，大学大专学历、有私家车人群占比 60% 及以上；（3）部分城市从事党政机关工作的样本占比过多，南宁该行业人群占比超过 70%。

因此需要对原始样本进行清洗，主要方法如下：

（1）首先清除 58 个指标选项及 8 个人口属性选项回答不完整的问卷。

（2）根据性别筛选，每个城市女性样本控制在 60% 以内。

（3）根据职业筛选，除南宁外，其他城市党政机关或事业单位人员样本控制在 30% 以内，南宁由于问卷总量所限，将党政机关或事业单位人员样本从 70% 压缩到 40%。

原始数据共计约 32 万份，清洗后数据为 26.5 万份，问卷有效率为 82.8%。清洗后的数据样本属性如下表所示，基本符合实际情况，仅高学历人群偏多，这是由于问卷以手机端调查方式进行，对低学历人群存在筛选作用（附表 1-4，附图 1-1）。

受访者总体属性特征 附表 1- 4

属性	变量	数量（份）	比例（%）	属性	变量	数量（份）	比例（%）
性别	男	112537	42.5		党政机关或事业人员	38431	14.5
	女	152485	57.5		教育科研人员	10147	3.8
年龄	20 岁以下	13646	5.1		个体经营者	21431	8.1
	20~29 岁	39897	15.1		商业、服务业员工	21758	8.2
	30~39 岁	94358	35.6	职业	工人	21227	8.0
	40~49 岁	74975	28.3		企业员工	57690	21.8
	50~59 岁	28177	10.6		自由职业者	48794	18.4
	60~69 岁	11941	4.5		学生	14358	5.4
	70 岁以上	2028	0.8		离退休	17461	6.6
学历	小学及以下	6076	2.3		待业	13725	5.2
	初中	37971	14.3		3 万元以下	39686	15.0
	高中	52993	20.0		3 万~4.9 万元	41865	15.8
	大专	73043	27.6		5 万~6.9 万元	42853	16.2
	大学	84723	32.0		7 万~9.9 万元	43383	16.4
	研究生及以上	10216	3.9	收入	10 万~19.9 万元	62327	23.5
户籍	本地居民	176194	66.5		20 万~29.9 万元	21376	8.1
	新市民	47203	17.8		30 万~49.9 万元	8945	3.4
	流动人口	41365	15.6		50 万元以上	4587	1.7
	外国籍	260	0.1				

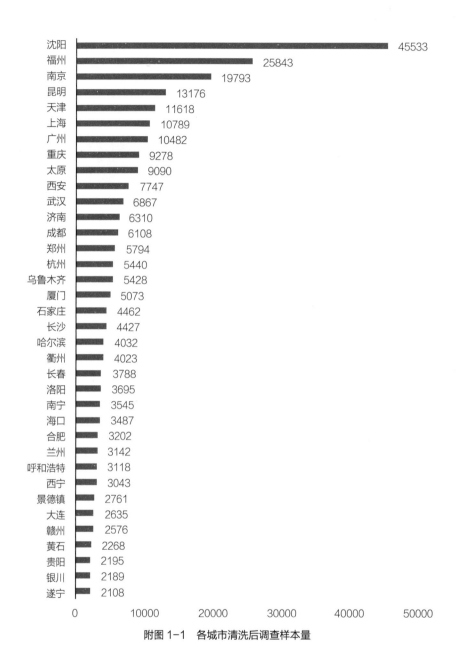

附图 1-1　各城市清洗后调查样本量

5. 社会满意度分析方法

社会满意度的计算主要包括三个方面，一是 50 个二级指标得分的计算，二是 8 个一级指标得分的计算，三是城市体检总体社会满意度的计算。

（1）分项指标计算

在计算最基础的 50 个二级指标的总体满意度分值的时候，需要先对满意度评价的 5 个等级选项进行赋值。各个题项测量均采用李克特五点量表尺度进行问答，居民的满意程度选项从高到低依次为"非常满意、满意、一般、不满意、非常不满意"5 种，问卷回收后对满意程度各个选项分别赋值 100 分、80 分、60 分、40 分 和 20 分，便于统计分析。同时增加"不了解"选项，避免居民对调查内容项目了解程度不够所造成的误答。50 个二级指标选项为五分量表法，根据回答选项从低到高依次赋值为 20 分、40 分、60 分、80 分、100 分，具体选项赋值对应情况如附表 1-5 所示。如果居民回答"不了解"，则该居民不计入计算该指标平均值的样本量。

不同选项对应的分值　　　　　　　　　　　　　　　　　　附表 1-5

回答选项	赋值
很满意 / 很适合 / 很友好 / 不严重	100 分
满意 / 适合 / 友好 / 不太严重	80 分
一般	60 分
不满意 / 不适合 / 不友好 / 严重	40 分
很不满意 / 很不适合 / 很不友好 / 很严重	20 分
不了解	不计分（即不参与计算平均值）

根据上述满意度赋值原则，课题组设计了具体评价值的计算方法，对 50 个二级指标的总体满意度 Q_i 评价是统一采用以下公式，即：

$$Q_i=（C_i \cdot 100+D_i \cdot 80+E_i \cdot 60+F_i \cdot 40+G_i \cdot 20）/（I_i-H_i）$$

式中，Q_{t_i}——第 i 个指标的满意度评价分值，i = 1，2，…，50（分别代表 50 个二级指标）；

C_i，D_i，E_i，F_i，G_i——分别表示针对第 i 个指标的全部有效问卷中选择非常满意，比较满意，一般，比较不满意，非常不满意选项的样本数，i = 1，2，…，50（分别代表 50 个二级指标）；

100，80，…，20——"很满意"，"满意"，…，"和不满意"所代表的分值；

I_i——调查总样本数；H_i 为该指标全部问卷中选择"不了解"的样本数，i = 1，2，…，50（分别代表 50 个二级指标）。

举例：第 1 项分指标"公园绿地建设"的统计数据如下表（附表 1-6）：

某城市公园绿地建设统计表（仅为假设案例）

附表 1-6

问卷选项	很满意	满意	一般	不满意	很不满意	不了解
样本数（份）	899	3664	2615	294	50	124
对应分值	100 分	80 分	60 分	40 分	20 分	—

该指标的总体满意度评价分值的计算方法是按公式如下求得：

$$Q_{t_{17}}= (C_{17} \cdot 100+D_{17} \cdot 80+E_{17} \cdot 60+F_{17} \cdot 40+G_{17} \cdot 20) / (I_{17}-H_{17})$$
$$= (899 \cdot 100+3664 \cdot 80+2615 \cdot 60+294 \cdot 40+50 \cdot 20) / (7646-124)$$
$$=73.48（分）$$

即：某城市"公园绿地建设"的总体满意度评价得 73.48 分。

（2）各一级指标评价得分计算

本次社会满意度调查的 8 个一级指标的得分情况直接通过问卷获得，无需通过二级指标计算。城市生态宜居、特色风貌、交通便捷性、生活舒适性、多元包容性、安全韧性、城市活力、城市管理各维度的综合满意度情况问题分别依次对应第 8 题、15 题、22 题、33 题、42 题、48 题、53 题、58 题。具体赋值方法、计算情况和上述分项指标计算方法完全一致。

（3）城市体检总体社会满意度计算

城市体检总体社会满意度通过计算 8 个一级指标得分的平均值得出，即：

$$Q_z= (Qt_1+Qt_2+Qt_3+Qt_4+Qt_5+Qt_6+Qt_7+Qt_8) /8$$

这里，Q_z 表示城市体检总体满意度评价的分值；Qt_1 到 Qt_8 分别表示第 1~8 个一级指标的满意度评价分值。

城市体检的社会满意度调查是践行"人民城市人民建，人民城市为人民"理念的一项重要工作，通过围绕八大专项了解居民对城市人居环境建设成效满意程度，积极拓宽市民参与城市体检与意见反馈的渠道，充分满足市民参与城市精细化管理的愿望，建立常态化市民参与平台，建设人民满意的城市。

项目	序号	指标名称	单位	定义	指标拆分	单位
一、生态宜居	1	区域开发强度	%	市辖区建成区面积占市辖区总面积的比例	1.建成区面积	平方千米
					2.市辖区面积	平方千米
	2	城市人口密度	万人/平方千米	市辖区建成区单位用地面积上的常住人口数	建成区常住人口数	万人
	3	城市开发强度	万平方米/平方千米	市辖区建成区单位用地面积上的建筑面积	建成区范围内建筑面积总量	万平方米
	4	城市蓝绿空间占比	%	市辖区建成区水域和绿地面积占市辖区建成区总面积的比例。（查找城市蓝绿空间占比是否合理。是否存在超出资源环境承载力的超大人工湖、人工湿地等景观工程）	1.建成区水域面积	平方千米
					2.建成区绿地面积	平方千米
	5	空气质量优良天数	天	市域全年空气质量指数（AQI指数）≤100的天数	市域全年空气质量指数（AQI指数）≤100的天数	天
	6	城市水环境质量优于Ⅴ类比例	%	城市水环境质量评价指标，黑臭水体数/水体数量，市域水体水环境质量优于Ⅴ类数量/市域水体总数	1.市域黑臭水体数量	个
					2.市域水体水环境质量优于Ⅰ类数量	个
					3.市域水体数量	个

217

项目	序号	指标名称	单位	定义	指标拆分	单位
一、生态宜居	7	公园绿地服务半径覆盖率	%	市辖区建成区公园绿地服务半径覆盖的居住用地面积占市辖区建成区总居住用地面积的比例。（5000m² 及以上公园绿地按照 500m 服务半径测算；2000～5000m² 的公园绿地按照 300m 服务半径测算。）	1. 建成区公园绿地服务半径覆盖的居住用地面积	平方千米
					2. 建成区总居住用地面积	平方千米
	8	城市绿道密度	千米/平方千米	市辖区建成区范围内绿道长度与市辖区建成区面积的比值。绿道的定义参考《住房城乡建设部关于印发绿道规划设计导则的通知》（建城函〔2016〕211 号）中的规定	建成区范围内绿道长度	千米
	9	新建建筑中绿色建筑占比	%	市辖区建成区的本年度竣工的民用建筑（包括居住建筑和公共建筑）中按照绿色建筑相关标准设计、施工并通过竣工验收的建筑面积的比例	1. 建成区本年度竣工的民用建筑（包括居住建筑和公共建筑）中按照绿色建筑相关标准设计、施工并通过竣工验收的建筑面积	万平方米
					2. 建成区本年度竣工的民用建筑（包括居住建筑和公共建筑）的总建筑面积	万平方米
二、健康舒适	10	社区便民服务设施覆盖率	%	市辖区建成区建有便民超市、快递点、综合服务等公共服务的社区数占社区总量的比例	1. 建成区范围内建有便民超市、快递点、综合服务等公共服务的社区数量	个
					2. 建成区社区总量	个

项目	序号	指标名称	单位	定义	指标拆分	单位
	11	社区养老服务设施覆盖率	%	市辖区建成区建有社区养老服务设施的社区占社区总量数量的比例	建成区建有社区养老服务设施的社区数量	个
	12	普惠性幼儿园覆盖率	%	市辖区公办幼儿园和普惠性民办幼儿园提供学位数占市辖区在园幼儿数的比例	1. 市辖区公办幼儿园提供学位数	万个
					2. 市辖区普惠性民办幼儿园提供学位数	万个
					3. 市辖区在园幼儿数	万人
二、健康舒适	13	社区卫生服务中心门诊分担率	%	市辖区建成区社区卫生服务机构门诊量占市辖区建成区总门诊量的比例	1. 建成区社区卫生服务机构门诊量	万人次
					2. 建成区总门诊量	万人次
	14	人均体育场地面积	（平方米/人）	全民体育健身场地包括健身步道、市民球场、市民游泳池、市民健身房、社区健身场地等，市辖区健身场地总面积/市辖区常住人口	1. 市辖区健身场地总面积	平方米
					2. 市辖区常住人口	万人
	15	人均社区体育场地面积	（平方米/人）	市辖区社区体育场地总面积/市辖区社区常住人口	市辖区社区体育场地总面积	平方米
	16	老旧小区用地面积占比	%	市辖区建成区未改造的老旧小区用地面积占市辖区建成区居住用地面积比例	建成区未改造的老旧小区用地面积	平方千米

续表

项目	序号	指标名称	单位	定义	指标拆分	单位
二、健康舒适	17	高层高密度住宅用地占比	%	市辖区建成区高层高密度居住区用地面积占市辖区建成区居住用地面积的比例。（"高层住宅"指60米或18层及以上住宅，"高密度住宅"指容积率大于等于3.5的居住小区。）	建成区高层高密度居住区用地面积	平方千米
	18	高密度医院占比	%	市辖区建成区二级及以上综合医院建筑密度超过35%的比例	1. 建成区二级及以上综合医院中高密度医院数量	个
					2. 建成区二级及以上综合医院总数	个
三、安全韧性	19	城市建成区积水内涝点密度	个/平方千米	城市应对自然灾害能力评价指标。市辖区建成区内常年出现积水内涝现象的地点数量/市辖区建成区面积	建成区内常年出现积水内涝现象的地点数量	个
	20	城市万车死亡率	人/万车	城市应对交通事故能力评价指标。市辖区每年因道路交通事故死亡的人数/市辖区机动车保有量	1. 市辖区每年因道路交通事故死亡的人数	人
					2. 市辖区机动车保有量	万辆
	21	城市每万人年度较大建设事故发生数	个/万人	城市应对市政设施事故能力评价指标。市辖区年度断水、断电、断气、大雨内涝、管线泄漏爆炸、路面塌陷等基础设施较大事故发生数/城市市辖区常住人口数	市辖区年度较大事故发生数	个

项目	序号	指标名称	单位	定义	指标拆分	单位
三、安全韧性	22	人均避难场所面积	平方米/人	市辖区建成区常住人口人均所占有的应急避难场所面积	建成区应急避难场所面积	万平方米
	23	城市二级及以上医院覆盖率	%	城市二级及以上医院4千米（公交15分钟可达）服务半径覆盖的建设用地占建成区总建设用地面积的比例	城市二级及以上医院服务半径覆盖的建设用地面积	平方千米
	24	城市医疗废物处理能力	%	市辖区建成区内平常日均集中处置医疗废物总量占设施日集中处置能力的百分比	1.建成区平常日均集中处置医疗废物总量	吨
					2.设施日集中处置能力	吨
	25	人均城市大型公共设施具备应急改造条件的面积（万平方米/人）	万平方米/人	市辖区的会展中心、体育馆等大型公共建筑中具备应急改造条件的建筑总面积与市辖区常住人口数	市辖区具备应急改造条件的大型公共建筑的总建筑面积	万平方米
	26	城市传统商贸批发市场聚集程度	%	城市中心建成区内传统商贸批发市场数量占市辖区传统商贸批发市场总数的比例	1.中心城区内传统商贸批发市场数量	个
					2.市辖区传统商贸批发市场总数量	个
四、交通便捷	27	建成区高峰时间平均机动车速度	千米/小时	城市机动车交通评价指标。市辖区建成区高峰时段各类道路、各类机动车的平均行驶速度	建成区高峰时段平均机动车速度	千米/小时
	28	城市道路网密度	千米/平方千米	市辖区建成区内平均每平方千米城市建设用地上拥有的道路长度	建成区道路长度	千米

续表

项目	序号	指标名称	单位	定义	指标拆分	单位
	29	城市常住人口平均单程通勤时间	小时	城市整体交通服务水平评价指标。城市常住人口单程通勤所花费的平均时间	城市常住人口平均单程通勤时间	小时
四、交通便捷	30	居住区停车泊位与小汽车拥有量的比例	%	市辖区内居住区停车泊位总量与市辖区小汽车拥有量的比例	1. 市辖区内居住区停车泊位总量	万个
					2. 市辖区私人小汽车拥有量	万辆
	31	公共交通出行分担率	%	市辖区建成区居民选择公共交通的出行量占机动化出行总量的比例	1. 建成区居民公共交通出行量	万次
					2. 机动化出行总量	万次
	32	城市历史文化街区保存完整率	%	市辖区建成区保存完好的历史文化街区面积/特定历史时期的城市建成区面积	1. 建成区保存完好的历史文化街区面积	万平方米
					2. 特定历史时期的城市建成区面积	万平方米
五、风貌特色	33	工业遗产利用率	%	市辖区建成区范围内仍在延续使用或已经活化利用的工业遗产数量占工业遗产总数量的比例	1. 建成区范围内仍在延续使用或已经活化利用的工业遗产数量	处
					2. 工业遗产总数量	处
	34	城市历史建筑平均密度	个/平方千米	市辖区城市挂牌历史建筑数量/市辖区建成区面积	市辖区挂牌历史建筑数量	个
	35	城市国内外游客吸引力		市域主要节假日城市国内外游客量/城市常住人口	主要节假日城市国内外游客量	万人
六、整洁有序	36	城市生活垃圾回收利用率（干净）	%	市辖区建成区回收利用的生活垃圾总量/市辖区建成区生活垃圾产生总量	1. 建成区回收利用的生活垃圾总量	万吨
					2. 建成区生活垃圾产生总量	万吨

续表

项目	序号	指标名称	单位	定义	指标拆分	单位
	37	城市生活污水集中收集率	%	市辖区建成区向污水处理厂排水的城区人口占城区用水人口的比例，通过集中式和分布式处理设施收集的生活污染物总量与生活污染物排放量之比计算	1. 通过集中式和分布式处理设施收集的生活污水总量	万吨
					2. 生活污水排放总量	万吨
六、整洁有序	38	建成区公厕设置密度（干净）	座/平方千米	市辖区建成区公厕数量/市辖区建成区面积	建成区公厕数量	座
	39	城市各类管网普查建档率	%	市辖区建成区中已开展管网普查建档的区域面积占市辖区建成区总面积的比例	建成区中已开展管网普查建档的区域面积	平方千米
	40	实施专业化物业管理的住宅小区占比	%	市辖区建成区实施专业化物业管理的住宅小区占市辖区建成区住宅小区的比例	1. 建成区实施专业化物业管理的住宅小区	个
					2. 建成区住宅小区	个
	41	常住人口基本公共服务覆盖率	%	城市基本公共服务已覆盖的常住人口数占城市常住人口总数的比例。基本公共服务包括社会保险、基本医疗保障、义务教育、基本住房保障等	城市基本公共服务已覆盖的常住人口数	万人
七、多元包容	42	公共空间无障碍设施覆盖率	%	市辖区建成区无障碍设施公共建筑覆盖比例+无障碍城市道路覆盖比例	1. 建成区无障碍设施公共建筑覆盖比例	%
					2. 建成区无障碍城市道路覆盖比例	%
	43	城市居民最低生活保障标准占上年度城市居民人均消费支出比例（%）	%	城市最低生活保障标准（月·12）/上年度城市居民人均消费支出	1. 城市最低生活保障标准（月·12）	元
					2. 上年度城市居民人均消费支出	元

续表

项目	序号	指标名称	单位	定义	指标拆分	单位
七、多元包容	44	房租收入比		城市平均房租水平单位面积年租金 / 城市居民人均可支配收入	1. 城市平均房租水平单位面积年租金	元 / 平方米
					2. 城市居民人均可支配收入	元
	45	房价收入比		城市住房平均总价 / 城市居民人均可支配收入	城市住房平均总价	元 / 平方米
	46	城市常住人口户籍人口比例	%	市辖区常住人口与市辖区户籍人口的比例	市辖区户籍人口（万人）	
	47	城镇新增就业人口中大学（大专及以上）文化程度人口比例	%	市辖区城镇新增就业人口中大学（大专及以上）文化程度人口数 / 市辖区城镇新增就业人口数	1. 市辖区城镇新增就业人口中大学（大专及以上）文化程度人口数	万人
					2. 市辖区城镇新增就业人口数	万人
八、创新活力	48	全社会 R&D 支出占 GDP 比重	%	城市创新活力评价指标。年度内全社会实际用于基础研究、应用研究和试验发展的经费支出占国内生产总值（GDP）的比例	1. 年度内全社会实际用于基础研究、应用研究和试验发展的经费支出	万元
					2. 国内生产总值（GDP）	万元
	49	非公经济增长率	%	市辖区当年非公经济增加值 / 上一年增加值增长 %+ 新增民营企业数量 / 现有民营企业数量增长 %	1. 市辖区当年非公经济增加值	亿元
					2. 市辖区上一年非公经济增加值	亿元
					3. 新增民营企业数量	个
					4. 现有民营企业数量	个
	50	万人高新技术企业数	个 / 万人	市辖区内高新技术企业数 / 市辖区常住人口数	市辖区内高新技术企业数	个